老樹創意

老樹創意

老樹創意

老樹創意

壞日子更要過好生活

張岱之 著

（原書名：誰都會踩到屎）

前言

爲什麼人生有太多的不如意？爲什麼我的道路這麼坎坷？爲什麼我的事業不成功？爲什麼我的愛情不如意？爲什麼我的家庭不和睦？

人生幸福四件事，健康、家庭、事業和感情，而坎坷也來自這四件事。人生的坎坷很多，這也是很正常的事情。天有陰晴，月有盈虧，人有禍福，不經歷風雨哪能見彩虹，只有把一切坎坷看清楚，看明白，人生才有快樂和幸福。

只要我們把坎坷都當作是吹動帆的風，坎坷就是快樂和幸福的前奏曲了。

我們常常因爲自己一時的不幸，在低潮中默默承受與之而來的陣痛和苦楚。那時，我們找不到生命可以取暖的驛站，分不清腳步可以前進的方向。淚光中，世界遠離我們模糊的視線，命運也拒絕我們伸出的無助雙手。我們迷失在漫漫寒冬的長夜裡，蜷縮在黑暗的一角，舔舐還在流血的傷口……

那一瞬間，我們感覺生命是如此的沉重。很多年過去，我們可能驀然發現，生命依舊，世界依舊，無邊的風雨已隨歲月走遠。

人生如燭，從點燃的那一天起，我們不知道自己會何時燃盡，不知道會在何時被莫名的來風吹熄。在有限的生命裡，我們沒有時間惆悵，沒有空閒在往事裡歎息。我們應始終記著抬起頭，以從容前進的腳步，平靜面對隨時而來的每一次風雨。

用心去感悟人生，用心去寫美麗的生活，雖然總有不如意，然而一切挫折是一個人邁向成功所必須認眞對待的基本課題。樂觀者，視之爲動力；悲觀者，視之爲阻力。孟子早已有言：「天將降大任於斯人也，必先苦其心志，勞其筋骨，餓其體膚，空乏其身，行拂亂其所爲。」絆腳石可以阻礙我們前進的步伐，但以其墊腳，卻可讓我們看到更多美麗景色。

目錄 CONTENTS

第一章 友誼會「變質」

「忠誠」與「不忠誠」是相對而言的。有時「忠誠」是主動的，而「不忠誠」是被動的。被背叛的滋味真的不好，尤其是最好的朋友背叛你。是自願也好，非自願也罷，事情到了這個地步，每個人都不得不去面對。

第二章 生活、情感、工作的交響曲

身為感情動物，人從出生的那一天起就脫離不掉感情的負擔。無論你的身份是普通人也好，有頭有臉的人也好，當生活、工作和感情不知不覺地交織在一起，真是「剪不斷，理還亂」呀！

第三章　女性也有難處

都說做男人難。男人要養家糊口，撐起一片天。難道說做女人就容易嗎？她們就沒有自己的想法和事業了嗎？女人要照顧孩子，還要兼顧工作；女人也不甘心平庸，也想出人頭地，也想……然而，在這樣的社會中，女人是痛苦多於快樂。

第四章　人到中年

歲月真是不饒人呀！幾十年的歲月就這樣過去了，經過了近半生的磨練，這個年齡的人最不希望生活發生變動，然而，人生總是有高低起伏……

第五章　無奈的離開

有時，離開是出於無奈，每個人都有自己的生活方式，都有自己的理想，如果周圍的環境不適合自己，誰都希望朝更理想的方向發展。這時，離開並不必然是錯的。

第六章　男人和女人的「婚姻關」

如果某種事是你不能面對的，你會逃避；如果你不能逃避了，那麼只好面對。婚姻就是這樣，它像一種遊戲，有時真的很有意思。可任何一種遊戲都有玩乏的時候，乏味之後要面對什麼？要逃避的又是什麼？

第一章 友誼會「變質」

「忠誠」與「不忠誠」是相對而言的。有時「忠誠」是主動的，而「不忠誠」是被動的。被背叛的滋味眞的不好，尤其是最好的朋友背叛你。是自願也好，非自願也罷，事情到了這個地步，每個人都不得不去面對。

第一節　最好的朋友傷害你最深

誰都希望好朋友可以是一生一世的，誰都不願意面對朋友背叛自己的現實，特別是自己最好的朋友。可是，有些事情不是我們的意志可以掌控，我們可以保證自己對別人好，卻無法保證別人對自己也一樣好；自己可以不去背叛友情，可無法保證別人不去背叛自己。特別是自己最好的朋友，最知心的朋友，那種傷害是痛徹心肺的，也是一生一世都很難忘記的。

楓兒和茹月相識在工作中。楓兒是個剛畢業的學生，茹月比楓兒大三歲，在茹月的眼裡，楓兒只是一個「小毛孩」，而楓兒也就是帶著小毛孩的那份純眞感情和茹月成爲好朋友。楓兒是個喜愛文學的女孩，她寫的每一篇詩歌或者是散文總是有著茹月的影子。楓兒總是對茹月說：「也許爲妳，我才能寫出這篇篇詩句；也許爲妳，我才知道什麼叫做傷心；也許爲妳，我才知道什麼叫做珍惜感情；也許爲妳……我不知道還要寫出多少個這樣的爲妳，也許是我的誠心與妳的賢淑文氣使我們成爲好同事、好知己、好朋友、好姐妹！這是我所祈求的友情！」面對楓兒純眞的友情，茹月也對楓兒很好。

不管楓兒做什麼事情，總會有著茹月默默的鼓勵與支持，而茹月也總喜歡把自己內心深處的小秘密告訴楓兒。她們住在一起，晚上一聊天總會聊到下半夜。那時，楓兒曾向上天祈禱：一輩子能夠擁有這樣的好朋友，好姐妹，我已經知足了！那時的楓兒恨不得對全世界的人說：我擁有茹月這位懂人心的好朋友！

也許是她們之間的感情太好了，楓兒不明白書上所言朋友之間的傷心和傷心後的寬容。可是人與人之間避免不了摩擦。一次在公司裡和同事聊天，茹月說起了楓兒的一件事。而這件事在楓兒看來是很重要的一件事，她從來沒告訴過別人，因爲把茹月當成最好的朋友，才告訴她的，並且還一再告訴她不能說出去。可楓兒沒想到茹月會在辦公室裡，當著那麼多的同事說這件事。不管茹月是有意還是無意，楓兒都感到受極大的傷害。她無法再面對這位最好的朋友。

從此，楓兒和茹月形同陌路，天天在一個辦公室裡連招呼也不打，彼此感到說不出的壓抑。最後，楓兒選擇了辭職。

後來，楓兒再也沒有和茹月聯繫過。只是有一次從一個同事那裡知道，茹月一直很後悔自己所做的事，她曾不止一次的對別的同事說過，她當時眞的不是有心的，她也一直想向楓兒道歉，可面對楓兒的憤怒，她知道傷害已經不可挽回，她也沒有勇氣再向楓道歉了。

一段友情就這樣失去。楓兒也感到很心痛，可她沒辦法再面對茹月，面對自己這個曾經最好的朋友。

生活在這個世界上，人人都希望有幾個眞正的好朋友。從古至今，這個美好的期望從沒有因時間而停止過。魯迅曾說：「人生得一知己足矣！」

可得不到最好的，難道我們就不能退而求其次嗎？我們不再奢望能夠得到一個眞正的人生知己，只是希望能夠有幾個好朋友而已。只是幾個而已，而卻不停地給我們打擊——朋友越好，傷害也就越深，傷口也就越難癒合。

原來，不僅是世界在改變，朋友也會變，友誼也不是永久保鮮的！

第二節　犯下的錯不可挽回

面對友情，有心或無心的傷害，都會在彼此的心靈留下深深的傷痕，帶來一生的悔恨。人生路上也從此失去了一個很好的朋友和知己。我們一生本來就沒有幾個相知的朋友，如果再因爲一件小事而傷害友誼，眞的是很不值得。所以，我們一定要以眞誠的心去對待友情，相信朋友。有誤解時，要給朋友解釋的機會，不要武斷地妄下結論。

教室裡，有兩個很要好的朋友正在對話：

「小雨，這塊橡皮是哪兒來的？妳買的嗎？」麗麗說。

「不，不是，是我哥哥送我的，很漂亮吧！」小雨說。

「是嗎？可是……」麗麗有些懷疑。

幾天前，麗麗剛向媽媽要錢買了一塊很漂亮的橡皮，聞起來有一股淡淡的花香，麗麗捨不得用，只是把它放在文具盒裡欣賞，可是今天早上卻突然不見了。麗麗找遍了書桌和地板，但它卻毫無蹤影。當麗麗看到小雨手裡的橡皮時，她眼前一亮，「我的橡皮怎麼會在小雨這裡。」麗麗知道小雨的家裡條件不好，她根本不可能買得起這樣的橡皮。所以麗麗沒有繼續說下去，而是目不轉睛地看著小雨手裡的橡皮。小雨看麗麗一直盯著橡皮，不知道是怎麼回事。不過，看麗麗不說話了，她也不再說什麼。

這時，麗麗捅了捅身邊的菲菲，努努嘴，菲菲見了，差點叫起來，她小聲問麗麗：「那不是妳的嗎？怎麼……怎麼……」

「噓——，別講，確認一下吧！」

「好！」菲菲毫不猶豫的答應了。

「哇，好漂亮哦！借我看看好嗎，小雨？」菲菲說。

「沒問題！」

「沒錯，確實和妳的一模一樣耶，上面還有我們用小刀刻的刀痕呢！那就是最好的證明！」菲菲說。

「是嗎？」麗麗說，「小雨，我發現……那塊橡皮……那塊橡皮就是我掉的。」

「不，不是，是哥哥給我的，你可以去問他！」

他是你哥哥，當然會幫你！麗麗不屑地想。

「可是，菲菲可以證明，那塊橡皮是我的！」麗麗說。

「嗯，我看過了，和她的一模一樣，小雨，上面還有記號。」菲菲說。

「沒有，我沒有，是哥哥，是哥哥給我的！」這時，上課的鈴聲使她們不得不停下談話。

哼，偷了就偷了，還不承認，既然有本事做，就要敢承擔！麗麗尖銳地想。小雨，虧我們還是兩年朝夕相處的朋友，我那麼信任妳！可妳卻這樣。

放學的時候，麗麗忍不住憤怒，向平時幾個友好的朋友說了剛才的事，麗麗的憤怒與難過讓人不能不相信，她們對小雨議論紛紛。這時，小雨從後面追上了麗麗。

「這塊橡皮眞的是我哥哥給我買的，眞的，我說的是實話，如果妳要，我可以把它給妳，但我眞的沒有偷妳的！」

「哦？是嗎？」

「是眞的，我不是偷的」。說完，小雨把橡皮塞在麗麗手裡就頭也不回的走了。

麗麗如願以償地得到了「她的」橡皮。

回到家，當麗麗準備寫作業的時候，居然在一本書下面發現了一塊和小雨剛才給她的一模一樣的橡皮。

麗麗沒有勇氣向小雨道歉，也沒有勇氣對其他的小朋友說明實情。只能在心裡一遍遍的對小雨說著對不起。從此，麗麗和小雨再也沒有說過一句話，永遠只是擦肩而過，連笑都覺得尷尬……

麗麗親手毀掉了一段無價的友誼，只因爲自己胡亂的妄下結論，不聽朋友解釋。她們是曾經同睡一張床的好朋友，現在卻形同陌路。

儘管這只是一段發生在十幾歲小孩子身上的事，卻是我們生活場境的縮影。當我們以尖酸、苛刻的方式對待朋友，或者因此而犯下嚴重錯誤的時候，卻沒有足夠的勇氣向朋友說一聲「對不起」，更沒有足夠的勇氣承認自己錯了。一錯而百錯，我們不比一個十幾歲小孩子明白的道理少，可我們爲什麼就不能承認自己的錯誤呢？

在忠誠越來越式微的今天，難道我們還要親手摧毀那份屬於自己和朋友之間的「忠誠」嗎？

第三節　愛上朋友的情人

當我們面臨選擇的時候，或許首先想起的就是孟子的「魚和熊掌不可兼得」，尤其是當我們面臨自己最好的朋友和她的愛人。既然只能「二選一」，那也只好捨棄其中的一個了。你會選擇哪一個？友情還是愛情？先來聽一聽娜娜的故事吧。

認識眉是在二〇〇二年十二月，之後我們就成了好姐妹，在此之前，她有個男朋友叫松。

我第一次見松，是在眉的生日晚會上。當他捧著鮮花走進餐廳的時候，我被嚇了一跳，倒不是那十幾支新鮮但凌亂不堪的玫瑰，而是他的年齡——完全是個中年男人！眉每次向我描述男友時，幸福的樣子一直讓我以爲松是個超級帥哥。可眼前的這個男人卻讓我不得不懷疑眉的眼光。

眉給我們作了介紹，松微笑著和我握了一下手，我感到那隻手很溫軟，給我一種穩重的安全感。

後來，大夥兒開始喝酒，松喝得很被動。他比我們年長十五歲，不會和我們一塊瘋。年輕人聚在一起，總喜歡開玩笑，特別是在喝酒的時候。於是有人向松和眉開玩笑，問他們是夫妻戀還是父女戀，他的臉色一下變得難看，但很快用一種很溫和的語調說了句什麼，大家都笑了。當時我只跟著起哄，喝了很多酒。後來大家都很喜歡松，邀請他一塊去酒吧，但他拒絕了，還很溫柔地徵求眉的意見，之後，他們就先走了。

當時我和眉剛大學畢業，合租一間房子。因爲大家已經見過面，松便經常到我們租的小屋來玩。

松像個兄長，每次都給眉帶來很多小食品，還有她喜歡的一些小玩意。他也會帶給我一份同樣的小零嘴。俗話說，吃人家的嘴軟，所以我對松就有些「諂媚」，總甜甜地叫他「哥哥」。這麼叫，他也很高興的樣子，他高興，眉就高興，大家在一起的日子常常感到很開心。

後來，他們無論到哪裡去玩都會帶我，有朋友會跟我們開玩笑說：「不如妳倆都嫁給松算了。」我們三個哈哈一笑，知道是朋友的打趣，依舊毫不在意的一起去玩。

不知道從什麼時候起，我對這樣的玩笑不再像從前那樣無所謂。我感覺到自己對松的心思越來越重，很希望和他在一起。我爲自己的想法羞愧，也深深自責。眉是我的好朋友，男人們都說「朋友妻不可欺」，朋友夫又怎麼可以搶呢？可是我們仍一如既往地玩在一起，因爲他們並不知道我的心思。

一天晚上，松帶我和眉去跳舞，松習慣地坐在吧台旁，喝他愛的科羅娜。他慢慢喝，看著我們跳。松不喜歡跳舞，每次來都是陪我們。我一邊跳，一邊忍不住偷偷看松。他靜靜地坐在那裡的樣子很有型，那種成熟男人的穩健是毛頭小夥子所沒有的。他姿勢也很特別，身子斜斜地半靠著，右手握著的淡黃色酒瓶和他的身體成四十五度角，局部看，有些支離破碎的失衡，整體看，卻是那麼和諧……我一時有點恍惚，趕緊閉上眼睛。

再睜開眼的時候，卻看到一個女孩坐在松身邊，正跟他喝酒。我碰了一下眉，向吧台示意了一下。眉看過去，笑著說：「那是琳，我的大學同學。」

看著眉毫不在意的樣子，我的心卻再也無法平靜。衝動地跑過去搶下松的酒，一口氣喝光。松和琳被我的舉動嚇了一跳，張著嘴誰也沒有說話。眉過來的時候，我已經走開了，我不想面對她們。

回來後，眉問我到底發生了什麼事，我只說是我渴了，想喝水，沒找到，於是索性把酒喝了，怕酒醉就跑了回來。眉是個單純的女孩，完全相信我的話。眉又隨口向我介紹了琳，說她在學校很出風頭，男朋友交了不少。我忽然覺得，像松這樣穩重的男人，不會接觸琳這種人，但她一旦看中松，肯定不會放過他。我的猜測應驗了。一個星期後，眉哭著告訴我，說琳對松頻頻進攻。我立刻火冒三丈，當下就約了琳，跟她談判。因爲我無法容忍松的身邊除了眉還有別的女人。

可是結果很慘，我狼狽地敗下陣來。當我氣餒地把結果告訴眉，說琳誓死要得到松時，眉當下就哭得死去活來。看著眉哭得那麼傷心，我不知道自己是不是氣昏了頭，把一肚子氣都發在已經痛苦不堪的眉身上。我罵她不爭氣，男朋友被人搶了還哭得一塌糊塗，哭有什麼用，說自己之所以敗給琳是因爲自己名不正言不順，如果我是松的女友，我都敢抽她，哪會像她這樣懦弱……

如果不是眉把玩偶兔甩在我臉上，我不知道自己還會說出什麼過分的話。眉像一隻憤怒的兔子，瞪著紅紅的眼睛對我說：「不要拿著我做擋箭牌，我早就知道妳喜歡上松！」原來眉早已知道了，她只是不說出來而已。

我驚呆了，什麼話也說不出來，推門走了出去。

我回到老家待了一個星期，卻無時無刻不在想著松，我為自己惱火，卻無法自拔。我承認，我想的最多的不是眉的痛苦，而是自己的處境，是自己對松的感情。

一個星期後我回來，打開房門，眉的房間空空如也，只有一張紙條。

「對不起，那天我不該那樣對妳。細想起來，我應該感謝妳，妳喜歡松，卻沒有把他從我身邊奪走，我敬重妳，並信任妳，我一直都把妳當作最好的朋友。松既然把握不住自己，我再爭取又有什麼用？琳是個爭強好勝的人，我不是她的對手，所以我決定放棄。妳回來的時候，我可能已在南方了。原諒我沒有給妳留地址。不管怎麼樣，我們曾經是很好的朋友，一起度過了一段開心的日子。」

看著眉的紙條，我哭了。可是哭過之後，我的第一個念頭卻是：從琳的手裡把松奪回來還給眉！那一刻，我對眉的義氣又超過了對松的感情。友情和愛情就這樣讓我搖擺不定。

我正這麼想著的時候，松卻來了。

我打開門，故意問他琳怎麼沒來？松紅了臉，讓我不要瞎說。我又說：「琳很性感啊，我看她挺像那個凱薩琳．麗塔瓊斯呀！」松尷尬地說：「妳不請我到屋裡坐嗎？」我依然是調侃的語氣：「請啊，怎麼能不請呢？這回給我帶什麼好吃的，哥哥？」松攤開兩手，我盯著他：「邁克．道格拉斯娶他的美人兒用了世界上最大的鑽石，對琳你也一定破費不少吧？不過到我這裡買袋爆米花就行了。」松只是無語的看著我，任憑我的奚落和嘲諷。

進屋後，他對我說：「別這麼尖刻，其實什麼事都沒有。」

我給他倒了杯水，繼續挖苦：「是白開水，將就著喝吧，想給你沖茶的，不過涼茶對客人不禮貌，再說……」我喋喋不休，一句接一句，不給他說話的機會。可當我把水端到他身邊的時候，他一下打翻水杯，把我猛地抱在懷裡，使勁吻我。

我嚇壞了，不知道發生了什麼，大腦一片空白……

我肯定是掙扎了，但最後，我終於靠在他的懷裡，任他親吻了。我淚流滿面……

松告訴我，其實在我和他們形影不離的時候，就已愛上我，但他不忍傷害眉，一直把這份感情壓抑在心底。如果不是琳的出現，他最終會和眉結婚。可偏偏琳像一股旋風攪亂了他的生活，但是，他從琳的身上看到的不是愛情，而是對愛情的勇氣。於是，他來向我表白。

我知道這樣做對不起眉，可感情的事沒法說清楚。我只能祝福眉能早日找到另外一個關心她，愛護她的人。有一天我們見面的時候，我希望我們還可以微笑著問候彼此。

人生最難忘記的就是一份眞正屬於自己的愛情，特別是自己的初戀。人性是自私的，從這一點來說，娜娜選擇愛情也無可厚非。然而，對愛情忠誠的選擇卻是對友情的背叛。如果是眞正的好朋友，從一開始就不應該讓自己愛上朋友的愛人。愛情也是受不住誘惑的，本來好好的兩個人被第三個人插一腳，就算他們彼此還會繼續相愛，也跟從前不一樣了。愛上朋友的愛人，這種愛是建立在破壞別人的基礎上，更是踐踏自己的友誼。任何人都有追求屬於自己愛情的權利，我們也不可能去剝奪別人的這種權利，但這種權利卻不應該濫用，更不要用這種「權利」傷害我們最好的朋友。

第四節　忌賢妒能的朋友

小諾從來不曾想過，她和林麗的友情會因爲嫉妒而支離破碎，而小諾的心也被傷得很深。

小諾和林麗一同進公司工作，都是大學剛畢業，二十多歲，穿著打扮不俗，氣質高雅。

小諾是性格隨和而又溫文爾雅的女孩，文靜秀氣善解人意，心地單純，對人毫無防範之心。她人緣極好，擁有很多的朋友。

林麗也是一個不錯的女孩，她活潑可愛而不失文雅，只是偶爾會耍些小孩子脾氣，有些爭強好勝，敢恨敢愛。這種性格的女孩子其實也挺叫人喜歡的。

由於都是公司的新人，又在同一間辦公室，接觸的機會很多，所以小諾很快和林麗成了好朋友。在工作上互相幫忙，在生活中互相扶持。

可是她們倆個誰也沒有想到，這段友誼會很快的夭折。問題來自她們的上司。

她們的上司是一個很有魅力的三十多歲男人，英俊、體貼、成熟、穩重。在公司那些未婚女性看來，這位上司是未來老公的最理想人選。她們時不時地對這位上司獻殷勤，可也沒見誰能成功。這位上司對她們的態度都是一樣。

剛進公司的林麗和小諾也都注意到了這位上司。特別是林麗，常常在小諾耳邊說著讚美上司的話，毫無疑問，林麗喜歡這個上司。而小諾雖然對這位上司也有好感，但並不像別的女人那樣獻殷勤。小諾認爲公司那麼多優秀的女人都無法得到這個男人的心，而她這樣一個剛來又毫無背景和資歷的人怎麼會有可能呢？所以她只是很努力的做好自己的工作。

而林麗就不一樣了，她看中的東西一定要得手，於是對上司展開了追求。只可惜，一切都是徒勞無功，上司根本不領情，氣得林麗總在小諾面前罵上司的無情。可罵歸罵，第二天還是會藉著爲上司送文件的機會，逗留在他的辦公室，再爲他沖上一杯香濃的咖啡，還會加送一個她自認爲很美麗的笑臉。

半年的時間很快就過去了，小諾因爲工作成績突出而在公司的員工大會上受到表揚，薪水也加了一級。而林麗，由於只顧著追求上司，工作表現不佳，所以一切還是原地踏步。所以聽到小諾受到表揚的時候，林麗的心中有一絲嫉妒，她覺得自己和小諾一樣的學歷，一起進公司，爲什麼小諾這麼快就加薪。她還注意到上司表揚小諾時，看小諾的神情有一種說不出的溫柔。

小諾感到林麗對自己明顯的不像以前那樣了。在辦公室裡，林麗有時會故意找小諾麻煩，說小諾什麼事做得不好，有時候還會當著許多同事的面，談論小諾的一些私事。特別是她們那位上司幾次故意來辦公室找小諾，在上司走後，林麗就會很刻薄的說些話刺激小諾。再後來，公司裡開始有許多關於小諾的謠言。說小諾看似老實，其實並不如表面的那樣。一時間，公司裡的女同事都把小諾當成了敵人，因爲她們苦苦追求得不到的，怎麼就這樣被一個各方面都不如她們的人搶去呢？

小諾有種欲哭無淚的感覺，她不知道自己惹了誰。

有一天中午，當小諾吃過飯走到辦公室門口的時候，聽到林麗在裡面大聲地向那些女同事講著她編造出來中傷小諾的謠言。那一刻，小諾的心有種被撕裂的痛，原來是這位自己認爲是最好的朋友在製造謠言。當她推門進去的時候，看到的是同事尷尬的神情和林麗愕然的目光。

自從人類誕生的那天起，嫉妒也和我們結下了不解之緣。歷史上多少能人賢士因爲被別人嫉妒而失去自己原有的身份和地位，因此而遭人暗算丟掉性命者也不在少數。我們也許並沒有因被別人嫉妒而失去生命，或者我們嫉妒他人，他人也沒有因此而失去生命，但我們卻失去了一種僅次於我們生命的東西——友誼！

生活永遠都像山谷中的回音一樣，你如何對待它，它就會如何對待你——你對它笑，它也會對笑；你大聲罵它，它也大聲回罵你。朋友是我們生命中的一部分，也是我們生活的一部分。如果你嫉妒朋友，你們之間就不會再像從前那樣，因爲你們的心已經不在一起，你抱有私欲心，友情就會慢慢地「死」去！

第五節　眞的不是我的錯

綿兒是張燕的好朋友，她們在同一個公司上班，年齡差不多，又有著很多相同的愛好，所以自然而然地成了好朋友。

綿兒是個長得很漂亮的女孩子，有一個很疼他的男朋友。她曾無數次地向張燕講過她男朋友的種種好處，講她的男朋友是如何的帥。大多數時候，張燕只是一個聽者，感受不到綿兒所形容的那種幸福。因爲張燕天生是個很內向的人，雖然也不小了，可還沒有男朋友，一個人悠然自得的過著日子。綿兒是她在這個城市唯一的一個朋友，所以她很珍惜她們之間的友情。

就像沒有波浪就不能稱之爲海一樣，沒有意想不到的插曲也就不是生活了。令張燕怎麼也想不到，這份友情會因爲綿兒男朋友的到來而讓她們成爲陌路。

在張燕和綿兒相識幾個月後的一天，綿兒告訴張燕，她男朋友也要來這個城市工作了，以後他們就可以天天在一起。張燕也爲綿兒感到高興，因爲張燕知道，綿兒這些天來怎樣的想著她男朋友。而今他們終於有機會在一起，綿兒不用再苦苦相思了。

綿兒男朋友來的那天，張燕和她一起去超市買了很多菜，還有好吃的來招待他。那頓飯吃得很開心。綿兒的男朋友是個很溫柔體貼的人，看得出他對綿兒很好。

後來綿兒就搬出去住了，空落落的房間裡只剩下張燕一個人。

綿兒知道張燕在這個城市只有她一個朋友，所以還是會經常去看張燕，當然還帶著她的男朋友。時間長了，彼此之間少了許多陌生，他們漸漸熟悉。

張燕說：「不知道是不是我的錯覺，我總感到綿兒的男朋友對我很關心。有時綿兒不在的時候，我會開玩笑地說，你對我這麼好，不怕綿兒吃醋嗎？他卻總是溫和的笑笑說，妳是綿兒的朋友，關心妳是應該的。」

聽了他的話，張燕眞不知該說什麼了，覺得可能是自己太多心了。她是綿兒的朋友，也許他對她的關心只是因爲綿兒的關係吧。再說，她是不可能愛上這個男人的，因爲她一向把友誼看得很重，絕對不允許這種事情發生。

可是，張燕還是會感覺到他對自己的過分關心。有時他們三個一塊出去玩，他對她的照顧似乎勝過關心綿兒。有時連綿兒也懷疑他對張燕的關心超出了一個普通朋友的界限。

那天，他們在爬山，張燕一不小心被石頭絆了一下，腿上一下子就流了很多血，疼得她眼淚直流。她怎麼也不會想到，綿兒的男朋友毫不顧及綿兒在場，一下子把張燕抱起來向山下走去。

在醫院裡包紮傷口的時候，綿兒一臉憤怒地來了，她那種受傷、絕望的表情，張燕永遠也不會忘記。張燕想向綿兒解釋，她並沒有做什麼對不起她的事。可綿兒根本不給張燕說話的機會，說了幾句難聽話便轉身離去。

綿兒的男朋友沒有去追她，還在陪張燕包紮傷口。張燕對他大聲嚷：「你快去追綿兒啊，向她解釋我和你並沒有什麼。」

然而這個男人卻說：「我也不知道爲什麼，從見到妳開始，我就無法控制自己不去想妳，所以我總是提醒綿兒去妳那裡，多關心妳，其實是我想見妳，我並不是個不負責任的男人，我也想過要把這段感情放在心中永遠不要讓妳知道，可剛才看到妳受傷，我無法再克制自己。妳放心，我會向綿兒解釋一切的。」

突然發生這樣的事情，也許誰都不知道究竟應該如何處理，尤其是一個沒有談過戀愛的女孩，張燕愣住了，不知道該說什麼。

後來，綿兒和她男朋友分手了，而張燕和綿兒再也沒有聯繫。在這個城市中，張燕又是孤單的一個人。綿兒的男朋友也傷心的離開了這個城市，因爲張燕堅決的拒絕了他。

張燕知道綿兒很恨她，然而綿兒卻不給一個解釋的機會。張燕並沒有想要去搶人家的男朋友，她也不知道自己有什麼好的，綿兒的男朋友居然會放棄綿兒愛上她，被人愛也是錯嗎？

生活中，每一個人的角色不同，看待事物的角度也絕對不會相同，誤會也就是因此而產生。儘管眞的不是我們的錯，可別人卻不願意給我們一個解釋的機會。兩個人能夠在一起是一種緣分，而兩個朋友能夠在一起是緣分中的緣分，這種緣分眞的是可遇而不可求的。

寬容，是我們都熟知的美德，我們從小便被灌輸「朋友之間要學會寬容」。然而，說起來容易做起來難，每個人都會犯錯，當朋友犯了無心之過的時候，我們卻將這個美德抛到九霄雲外。

我們一方面希望得到忠誠的朋友，另一方面卻將自己的耳朵塞上，並將朋友關到門外，不去聽他們的任何解釋，認爲他們是在爲自己做錯事找藉口，在說謊。平時的我們是那麼的好奇，爲什麼這時我們就不能聽一聽朋友的解釋，然後再判斷事情是眞的還是假的。給朋友一個解釋的機會，我們就不會失去那麼多的朋友，友誼也能維持長久。

第六節　請再給我一次機會

擁有的時候不覺得珍惜，失去的時候才感到它的可貴，不只是生活如此，友情也同樣。天天在一起的朋友，不會覺得對方有多麼重要，以爲天天有個人陪，遇到困難的時候彼此互相幫助是件很普通的事。可是，眞的有一天朋友離自己而去，再沒有人相伴，遇到困難沒有人幫助的時候，我們才會發覺，朋友以前對自己很好，可爲什麼自己就不知道珍惜，就這樣失去了一段寶貴的友情呢？茫茫人海中又要到哪裡去找這樣一個曾經那麼瞭解自己，關心自己，幫助自己的好朋友呢？以下就是這樣一段自白。

我和王芳家住得很近，從小我們就在一塊兒玩。我們倆個同校不同班，但每天都一塊兒上學，一塊兒放學，然後再一塊兒寫作業，簡直是形影不離，見到我們的人都說我們像一對姐妹。我們無話不談，有些話不想對父母說，卻願意向對方傾訴。有困難的時候我們總是彼此幫助，生活就在快樂中不知不覺地過著。我以爲我們會是永遠的好朋友，從來沒想過有一天，我們的友誼也會像斷線的風箏一樣。而這一切只能怪我自己。

那是一個課間休息的時候，我正和同學在操場裡玩得高興，王芳突然過來找我，說有件事要和我說。我以為不會有什麼重要的事，加上當時我正玩得高興，就想也沒想的對王芳說，再一節課就放學了，等放學了我去找妳吧。我就這樣拒絕了王芳，根本沒注意到王芳什麼時候走的，也沒注意到她走時的表情。

上課了，我和同學飛快的跑進教室。聽老師講課的時候，我突然想起了王芳，想到如果王芳不是有什麼急事，不會在下課的時候來找我。她一定是遇到了什麼事情，想從我這裡得到幫助，可是我怎麼就拒絕了她呢？她到底發生了什麼事？老師講了些什麼，我一句也沒聽進去，只是覺得腦子裡亂糟糟的。好不容易聽到放學的鈴聲，我飛也似的離開教室，向王芳的班級跑去。可是我卻沒有看到王芳，問她的同學，她們說王芳沒上最後一節課，好像是回家了吧。

我飛快的往家跑去。到王芳家時，我按了幾次門鈴，一直沒有人應門，我坐在門口等了好長時間，她家也沒一個人回來。我只好悶悶不樂的回家。

此後的好幾天，我一直沒有再見到王芳，她沒去上學，也沒有回家。我不知道她去了哪裡。我眞的後悔當初為什麼不問問王芳到底發生了什麼事。以前我有什麼解決不了的事情，總是會去找王芳，她再忙也會放下手頭的事來幫我。可是，我卻因為自己的貪玩而不管她有什麼困難。

後來，我才聽媽媽說，王芳的爸媽好像出了點事情，被檢察官抓起來，王芳也去了外婆家，現在她們家都沒人住。

聽了媽媽的話，我呆呆楞了好久。王芳當時來找我，一定是爲這件事，她也一定很害怕，很無助，雖然明知我幫不了什麼忙，但至少有個人在她身邊。而我，就那樣拒絕了我的好朋友，在她最需要幫助和安慰的時候。

此後的很長一段時間，我每天無精打采的去上學，再也沒有了王芳的陪伴。

後來，媽媽告訴我，她看到王芳回來過一次，很快又走了。而她家的房子再也沒有人住。不知道什麼時候，她家的房子換了主人。

我不知道王芳的外婆家在什麼地方，我想找她也找不到，而她也一直沒有再來找我。我和她就這樣斷了聯繫。

我想對王芳說聲對不起，我想再一次見到她，我想靜靜地聽她想對我說的話，我想再和她一塊兒上學，一塊兒寫作業，一塊去玩。可是想歸想，只剩下我孤單一人。

世界上沒有後悔藥可買，當我們發現自己做錯決定的時候，是不可能乘著時光機器回到當初的，對待朋友亦是如此。

什麼是朋友?朋友就是在你最需要的時候，能給你鼓勵、支持與幫助的人，當然，你的親人是不能算在內的。

如果朋友對你說「我有些事找你商量」，那麼他一定是遇到了什麼麻煩事，希望你給他一些慰藉，或者幫他想辦法。那麼，你不妨放下手中的事情，即使不能完全幫助他，但給他一些鼓勵，出個點子，他一定會感激你，因爲你在他最需要你的時候，給予他支援。

好好呵護你的友誼吧!不要等失去的時候才後悔莫及，也不要等朋友已經走遠了，才大聲地對他說：「請再給我一次機會!」

請記住：機會永遠只有一次。

第二章　生活、情感、工作的交響曲

身爲感情動物，人從出生的那一天起就脫離不掉感情的負擔。無論你的身份是普通人也好，有頭有臉的人也好，當生活、工作和感情不知不覺地交織在一起，眞是「剪不斷，理還亂」呀！

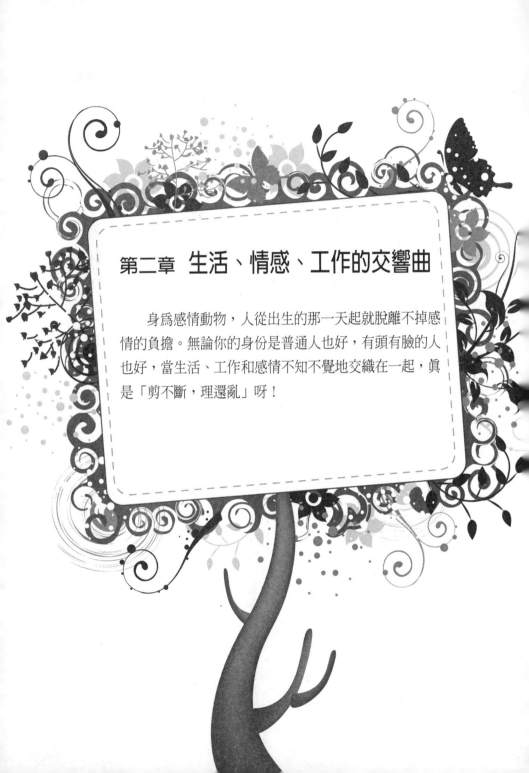

第一節　壓抑的生活

有的時候感覺自己好壓抑，把什麼事情都往心裡塞，眞的是好累，想找人說一下，爲自己分擔一點兒，但不知道找誰說去。身爲一個人，有太多的無可奈何，不知道未來何去何從。

生活在二十一世紀，壓抑的生活給我們帶來了很多麻煩，爲什麼會出現壓抑的情緒？怎樣擺脫？又應該怎麼來看待這些問題呢？

猛然之間，發現自己的生活過得十分壓抑，與他人的交流也越來越少了。但是反過來想一下，現在的生活也沒有什麼可以讓自己感到不好的，每天都過著有規律的生活，難道說就是因爲過得太平淡，才感到壓抑嗎？

眞的很羨慕一些人，能夠把精力都集中到工作當中。而我爲什麼就不行呢？腦子裡面的東西實在太多了，多得自己都沒有辦法安心工作。每天必做的就是工作、上網、睡覺，就算是偶爾休息一天，也找不到快樂的感覺，更不要說放鬆自己了。眞的不知道自己到底出了什麼問題。時常感覺自己很頹廢，這讓我心裡很難受。

尋不到可以讓自己開心或是感動的，伴隨著我的只剩下無盡的鬱悶和感傷，就像是整顆心都墜入到一口很深的井，沒有盡頭……

感覺自己每天的生活都是在糊塗進行當中，牆上掛著的時鐘不知疲倦的走著，而最可悲的是時鐘下的人們卻感覺它走得太慢了。時間一直以來都被人們所珍惜，現在卻被我們給忽視，甚至覺得生活僅剩時間了。它孤獨的存在著，孤獨的行走著，就好像是一杯啤酒溢出來，卻沒有人會在意！身邊的每一個人都用自己所獨有的方式揮霍著這寶貴的東西，哪怕是外人看來最無知的行爲，在我們的眼中都是快樂的，開心的，因爲至少它可以填充這空虛無聊的時間。幾乎每一個人都知道這也許是一種可怕的行爲和思維方式，可是卻深陷在其中，無法自拔。

看著身邊一張張熟悉的面孔，好像突然之間變得非常陌生，也許對人們來說，越是熟悉的臉龐，越容易讓人看不清，也越能看得出最虛僞的一面。

來來往往的人們都在爲什麼而忙碌著呢？但無論他們是爲何，他們總有著自己的目標，有他們忙碌的理由。而我找不到自己的目標，前方的路一片渺茫，沒有目標的日子裡，感覺自己就像是一隻無頭蒼蠅；沒有目標的生活在我的生命中重複的上演著，每天穿梭在工作與家之間的好像僅僅只是我的身軀，也許我的靈魂早已去了天堂，也可能下了地獄。我不知道自己應該做些什麼，或者我又能做些什麼，我的整個生活被空虛包圍著，壓抑著我的整個心靈，可能下一秒就會完全崩潰。

我每天都在盼望這樣的日子快點結束，希望有一天能夠走出壓抑的生活，抬起頭放肆的呼吸，讓我的心好好放個長假！

壓抑的生活讓我們過得很辛苦，爲什麼我們不能學著去放鬆自己呢？

要擺脫壓抑的生活，我們首先要從精神去分析。

處於壓抑狀態的人，是怎麼來體驗這個世界的呢？他們是以一種虛妄的意識來體驗人生。他們沒有看清楚事物的眞相，而是把自己的思想投射於事物上面，按其思想的投影與想像來看事物。正是這種投射與扭曲，使人產生種種激情與焦慮。壓抑的人自以爲與世界相通，其實他不過是活在自己的認知當中。他們把自己的情感與觀念投射到客體上，其認知的並非事實，卻受那自我認知的客體所制約。

與異化的、歪曲的、虛妄的、思慮作用的體驗相對的，是對世界直接、立即、完整的把握，這可見諸尚未被教育的力量所改變的嬰兒和幼童。新生兒還沒有我與非我的分別，直到他們終於能說「我」爲止。兒童對世界的把握仍是比較直接的。兒童在玩球時，他是眞正看著球在滾動，完全沉浸於這一體驗之中，這就是爲什麼一個經驗他們可以反覆進行，樂此不疲的緣故。成人也認爲自己看到了球在滾動，就他看到球這一客體在地板滾動來說，這固然不錯，但是當他說「球在滾」時，他實際上僅僅肯定：一個圓形物體稱作球，在平滑的表面上受到推動時會滾動。他的視覺作用只不過是爲了證實他的知識。

非壓抑狀態是對眞實直接而不歪曲的把握，回歸兒童的單純與自發性的狀態。然而，在經歷過異化及知性發展的過程之後，非壓抑狀態是在更高層次上的返樸歸眞；這種復歸，只能發生在人們喪失了純樸狀態之後。

讓我們每一個人都從壓抑的生活解脫出來，快樂的面對第一天吧！

第二節　討厭的工作

說起工作，每個人都需要它，但是很多人都很厭倦自己的工作，一說到上班就開始抱怨。一般的小員工如此，有頭腦的領導們也如此。那麼你呢？你討厭上班嗎？討厭自己的工作嗎？討厭自己現在的生活環境、方式和狀態嗎？

讓我們看看那些生活愉快的人吧！你會發現他們有自己的生活目標，而一般情況下，他們的生活目標就是他們的工作，他們的目標也可能與休閒活動和熱情有關。對生活充滿熱情的人，對自己的工作有著絕對的激情。你是否感覺你是在為自己而工作呢？如果你肯定的說是，那麼你會對工作充滿熱情，工作也會成為你重要的固定生活目標之一。你在工作中發揮著你的才幹和創造力，從而改變這個世界，你的人生重大目標也得到了實現。

假如此時此刻你正在工作當中，而且工作的任務讓你感覺極其的煩人，你就應該試著換一個工作或是做一下調整。鮑勃．布萊克在他的短文中寫道：「廢除工作，工人們就解放了。」這一句話很值得我們去思考。他說：「你們應該主宰自己。如果你做著討厭、愚昧、乏味的工作，將來你也可能會變得令人厭煩、愚昧和乏味。」

對於工作的感受，張亮如此說：「工作快四年了，我只待過兩家公司，都是跨國外資企業，目前的這家還是世界五百強的美資企業。我負責與國外客戶溝通出貨事宜。在很多人看來工作環境好，公司的福利也好，還有很好的發展機會。但是我覺得缺點什麼，這裡的薪水調升特別慢，兩年之內我的薪水只上漲了二百元，只有主管才會有很高的薪水。

這裡沒有競爭，升職都是從前往後排的。儘管我現在的經驗很豐富，但我仍然是一個專業人員。雖然我努力工作，但是這兩年之內我沒有得到升遷，我喜歡有挑戰性的工作，但是公司裡有太多的前輩，兩年之內輪不到我，感覺眞得很鬱悶。

看著自己一天天走向中年，職位還是原地踏步走，何時我才能發達？外資企業的工作門檻似乎很高，做起來卻十分簡單。完善的管理體制使得個人影響力變得很小很小。今年又有很多同事離職，但是公司很快招用了一批新人，他們不但便宜而且勤快，所以公司的業務並沒有受到影響。有時候感覺自己眞的是好煩。」

也許很多人都面臨這樣的「煩心事」，當我們面對自己不喜歡的工作，會感覺非常的痛苦，但是又進退兩難，這個時候，我們是應該咬牙堅持到底，還是決定放棄，尋找新的目標？看一看小李成功轉換職業跑道，我們可以從中得到一些啓發。

小李本來是一家商場的總管，公司上一年度市場業績下滑，他也被裁員了。小李說：「我在這工作的幾年當中，大腦一直處於緊張狀態，壓力非常大，不知操了多少心血，精神過度緊張，但是我從沒有想過要在中途轉業。」失去工作，小李沒有恐慌，可是心裡總是有一股急迫感。因爲他剛貸款買了一輛汽車，太太又失業了，經濟上的壓力很大。

小李找工作找了兩個月，才有一家公司願意聘用他，他認爲自己也算是幸運吧！小李說：「工作和以前基本上都相同，但是這個公司規模比較小，我想工作壓力應該比較容易控制。」但是實際的情況和他的希望卻恰恰相反。

小李很快就發現，雖然這是個新環境，共事的人也不相同，自己還是一樣快窒息了，好像被活埋在瑣事當中。他知道自己在新環境裡還是重複著以前的工作模式，也越來越清楚自己需要改變。

小李說：「大家說我接下新工作還不到兩年，連下一個工作還沒著落就辭職不幹，簡直是瘋了。但是我覺得如果再不趕緊脫身，放手一搏，整個人一定會爆炸。縱身一躍，不知道自己的落點會在何處，的確非常可怕，不過浪費生命才是最令人害怕的事。」

沒有日常工作的壓力後，小李開始思考，接下來幾年，自己希望擁有什麼樣的事業，喜歡的是什麼樣的工作，想做的是什麼樣的事。

「這次我要自己選擇工作。」小李說：「我在第一家公司擔任總管，純屬僥倖。我原本是網頁設計師，人力資源部門的主管對我的表現很欣賞，下班後我們常常在一起，交情很好，有一天總管的位置出缺，他就要我接下這職務。」

總管的薪資以及職位的權威性，讓小李十分心動，但其實他對管理的興趣遠不及網站設計。小李終於瞭解，帶給他最大成就感的是創意，因此他決定當一名自由工作者。

「我也擔心這麼做是否會被人看成是失敗者，不過我只猶豫了那麼一分鐘而已，因爲成功的生活方式需要做些調整。」出人意料的是，小李的事業發展得非常順利。他長久以來從未如此快樂過。比起過去擔任總管時，小李如今更健康、更有成就感。他表示：「大家都認爲勇氣就是咬緊牙關撐下去，但是有時候眞正該做的是勇於放棄。」

眞正讓你工作到筋疲力盡的外在因素，絕不只有排得密密麻麻的日程表或跋扈的主管而已，這完全得看你面對壓力時如何反應。面對討厭的工作，有時候我們也需要學會放棄，畢竟我們不可能每天都帶著煩惱的心情去做自己不想做的事情。我們應該知道，生活在這個世界上就要快樂，發現生活之美，發現世界的美麗！

第三節　不可避免的「環境戀情」

辦公室戀情不是一個新話題，最近，一家網站做了一項調查，受訪者將近四千人，調查結果顯示，有近四成的人都曾經有過辦公室戀情。面對這樣一個結果，人們圍繞著這個話題再次展開熱烈討論。面對別人的辦公室戀情，你是支持，還是反對呢？假如有一天你陷入了辦公室戀情當中，你會怎麼辦呢？

對大多數人來說，辦公室是一天當中待最久的地方。在辦公室這個空間裡，我們既要工作又要交流，同事與同事之間即使不能說是有福同享，有難同當，至少也可以說是一個戰壕裡的戰友，就是日久生情，也沒有什麼奇怪。

面對別人的辦公室戀情，究竟應該支持還是反對，這永遠沒有一個標準的答案。但是無論支持還是反對，雙方都有充分的理由。

支持者說，現在都什麼年代了，還有人會對別人的隱私感興趣？工作歸工作，戀情歸戀情，只要不會影響到自己的工作，只要不是婚外情，只要不破壞到別人的家庭，就不值得我們大驚小怪。反過來說，辦公室戀情也有很多的好處呀。其一，戀人是自己的同事，雙方朝夕相處，底細全摸透，能避免「因爲不瞭解而在一起，因爲瞭解而分開」的悲劇；另外，彼此爲了給對方留下美好的印象，表現欲變強了，工作起來比平時認眞，君不見，戀愛中的人都是口才便給，頭腦靈光，手腳勤快得不得了，總而言之，對工作表現大大加分。

反對者說，戀愛不是一件省心的事情，辦公室要是有這麼一對，先不說兩個眉來眼去，有意無意的打情罵俏讓旁人看得不舒服，工作上也可能分心。更可怕的是，如果兩人都掌握了公司的機密，他們也許會對公司不利；而如果他們是上下級的關係，會不會有私相授受的事情發生呢？要是發生什麼事情的話，不但會影響到他們個人，甚至會牽涉到整個部門。再說，要是分手的話，他們會態度平和嗎？要是發生個三長兩短，誰來收拾爛攤子？

如果是自己不小心陷入辦公室戀情，又該怎麼辦呢？

有些人認爲自己應該保密，絕不說出來。可是世間沒有不透風的牆，在辦公室這個「巴掌大」的地方，想守住秘密是很困難的。還有人說他會公開，接受大家的祝福，畢竟這是一件値得高興的事情。還有人說自己會一走了之，但是在這個競爭激烈的社會中，想要找一份好的工作不是一件容易的事情。

儘管對辦公室戀情沒有絕對一致的看法，但有一點是肯定的，不管是支持還是反對，人們對它的態度日益呈現出寬容的態度。

其實，不論是公司主管還是旁觀者，面對辦公室戀情只有一個底線，只有當事人把握分寸不影響工作，不影響同事，做到公私分明，也許辦公室戀情就不再是橫在我們面前的一道題。

有的時候，「環境戀情」是不可避免的，畢竟兩個人相處的時間長了，有了共同的語言，心靈相通，戀情難免，但是對於有家室的人來說，面對「環境戀情」一定要理智處理。

第四節　錯位的同性戀

每個人一生中都會碰到自己想不到的事情，就比如同性戀。當你發現自己喜歡上了一個同性的夥伴，或者是被同性所追求，你怎麼看待呢？同性戀是否是天生的呢？同性戀的存在對我們來說是否合理呢？套用一句經濟學的話，「從長遠來說，我們都屬於死亡。」那麼，就用長遠眼光來看同性戀。

科學家相信，同性戀並非完全是遺傳因素造成的，而是基因與環境共同起作用的結果。當亞當遇到夏娃時，他別無選擇。但這是個充滿豐富色彩的世界，一個人會出現很多變化。看看歷史上的同性戀者，會發現在一個社會主流性別傾向明顯的環境中，人無論是出於自願還是半推半就，性趨向上總會和社會貼近。再者，每個人都會遇到來自生活和生命本身的壓力和迷惘，而其實只有同性才能眞正懂得同性。所以，當同性之間出於眞心的神交時，外人眞的很難論斷是非。或許，男性和女性本質上就是兩種動物。

我們不得不面對一個事實：只要是存在的，就是合理的。社會是複雜的，行行色色的事情都有可能發生。當年的自由主義者或許無論如何也沒想到，人性的張揚居然會導致如此現狀。自由永遠是把雙刃劍。哲學將世界歸於五大元素：生，死，秩序，混亂，中立。過分的自由是一種破壞，儘管它很美。

三十四歲的王先生是某家公司的職員，身材高大，儀表堂堂，正因爲如此，讓他遭遇到太多的麻煩。一直以來，他走在路上，經常有陌生男子主動與他搭訕，言語間曖昧露骨。王先生說：「很多人都很直接，問我是不是同性戀，表示想與我做朋友。」對此，王先生在厭惡和煩惱之餘又感到很無奈。他有一個談了多年的女友，但因爲自己常受同性的騷擾，女友時而也會表現出不能理解的態度，甚至懷疑他的性傾向。

「我感到很痛苦，最近不知何故，總有個號碼發些同性性愛之類的簡訊到我手機，一天好幾則，攪得我整天心神不寧。」王先生說。

同性戀人群分佈十分廣泛。首先，這與學識、職業及社會地位有一定的關係。比較高層次的同性戀傾向追求比較穩定的感情和性愛關係，對家庭、社會責任感一般都很強，有的人還積極投身於性病防治的教育工作當中。而層次比較低一點兒的，社會責任感較弱，傾向於在浴池、公園僻靜處尋找生理上的滿足。

同性戀不能和愛滋病相提並論，但是同性戀者容易感染愛滋病是事實。有關專家認爲，把防治愛滋病的宣傳深入到更多的同性戀者當中，是一項刻不容緩的艱巨任務。

同性愛的行爲爲什麼容易傳染上愛滋病呢？主要有兩個原因。首先，他們的性行爲沒有得到社會的認可，不能夠建立一夫一妻制的關係，而流於性關係複雜。

其次，大多數的男同性戀者採取特殊的性行爲方式。愛滋病及性病病毒常常會在直腸內的弱鹼性環境中生存，隨著血流擴散到全身。

所以，我們一定要正確對待同性戀行爲，培養自己的素質和道德。

第五節　當事業遭遇家庭

長期以來，男性和女性在家庭觀念和社會分工上有所不同，使兩性的生活也有一定的差異。受傳統觀念的影響，總認爲男主外，女主內。無論是一個普普通通的女工，還是身居要職的從政女性，只要是有工作，便無法逃避職業與家庭的兩方面負擔，無法迴避「社會人」與「家庭人」之間的雙重角色衝突。

原因就是人們認爲好的工作、好的事業都是男性的專利，而家務事則是女人的份內事。

大多數女性很難處理好家庭與事業上的矛盾。

一部分的女性理所當然的接受了傳統的思想理念，繼承了男人在外工作、女人持家的觀念，她們在家中扮演賢妻良母的角色。

還有一部分女性會充當家庭的經濟支柱，不過她們的生活是很辛苦的，不但要照顧自己的事業，還要照顧家庭，然而這未嘗不是現代女性在生活當中自尊自強的表現。

事業與家庭，似乎永遠是難以平衡，卻必須要平衡的一對「冤家」。在工作與家庭中發展矛盾時，應該怎麼自處呢？

各位聽過「抽屜理論」嗎？把不同角色放進不同抽屜，打開這個，就關上那個，減少彼此的干擾。

以下是尋求平衡生活的六大要點。

第一，重新考慮事物的優先順序。我們可以在一生中不同的時段內分別達成我們的職業目標和家庭目標。在現實當中，事業和家庭目標不能偏廢，犧牲其中之一的話，都不可能達到平衡。

第二，追求創造平衡的過程。平衡會自動的達成，只要我們積極主動地負責，不要只等著別人給你的工作和生活帶來平衡。

第三，做出選擇無怨無悔。如果犧牲家庭來成就事業的話，我們將錯過孩子的成長，即使後悔也沒有辦法令時光倒流。反過來想，如果我們爲了撫育家庭而荒廢事業，我們會失去實現事業目標的大好機會。

第四，選擇一個可以實現平衡的職業。現實中，我們需要仔細選擇我們的工作和職業，確保工作性質能允許我們有足夠的時間照顧家庭。

第五，讓你深愛的人和你一起創造事業和家庭的平衡。單靠自己一個人是很難取得事業和家庭平衡的，如果和你的主要家庭成員、工作拍檔一起來改進你的平衡計畫，你將會有很大的把握。你要瞭解每一位家庭成員的期望和注重的事物，幫助他們每一個人獲得平衡。最重要的，就是夫妻雙方都要平衡事業和家庭。

第六，審視一下你所處的平衡，決定你是繼續保持還是重新獲得平衡。也許你所處的平衡狀態會被打破，所以你需要定期的審視你現在所處的狀態。一些可能打破平衡的事件包括家庭成員的事故、疾病或死亡；你的公司要和其他的公司合併、裁員或是破產。

其他事件也可能使你踉蹌失去平衡：伴侶關係不再浪漫、產品或服務失去市場、公司經營狀況不佳、過分沉湎於某一嗜好……當你意識到任何上述問題時，你要決定做出哪些調整。

也許妳初爲人母，另一方面還不得不繼續工作。如果是這樣，妳也許會遇到一堆麻煩事。

妳不妨抱著以下的心境：日子一天天過去，我對生活的態度越來越達觀，就算客廳玩具滿地，生活也一樣可以繼續；就算衣櫃裡的衣物不再時尚，只要乾淨一樣很美。每當在陽光明媚的週末，和寶貝一起嬉戲，就會忘記競爭壓力、人情世故、爾虞我詐……無論周圍發生了什麼事，生活其實並不是那麼糟糕，把自己融入到童趣世界裡，生活又會充滿陽光。

事業與家庭是我們生活中的兩大重要組成，有了家庭才能促使你去創業，去掙錢，家庭給你帶來了動力和希望，在事業上不開心的時候，你會想到自己有一個溫暖的家庭。相反的，事業可以給我們帶來發展和財富。家庭和事業是兩個息息相關的部分。我們一定要處理好這兩方面，使其達到平衡，否則生命將會煩憂不已。

第六節　扔掉你的包袱

人生會有很多煩惱。也許你因爲自己窮而煩惱，也許你因爲孩子而煩惱，也許你爲自己一事無成而煩惱，也許你因爲事業失敗而煩惱，也許你還因爲失戀而煩惱。

就拿小劉來說吧，他說：「我眞的很煩，好像每一天都在煩惱之中度過。我沒有太高的學歷，也沒有顯赫的家世，一直找不到合適工作。我做平面設計，但工作不是令我十分滿意，加班到十一、二點，一個月只有三萬元，對我來說，實在是少得可憐。沒有好的工作，經濟壓力也越來越重，面對這一切，我不知道我該做些什麼。」

衣食住行、功名利祿使人煩惱，人們爲了得到這些而奔波忙碌。有一天，當你衣食無憂、住行自由、功成名就、金銀滿堂的時候，健康卻每況愈下、家庭失和、情感無著落……結果是得到了金錢能買到的，卻失去了金錢買不到的健康和快樂。

有了金錢，可以買到高檔的物質享受，卻買不回你的健康、心靈平靜和感情和諧。當你病得厭厭一息的時候，再多的金錢有什麼用呢？放下功利包袱，心情自然輕鬆，精神上的壓力也減少了，這個時候，你就有時間照顧你的身體和情感。

有煩惱就不會快樂，快樂其實很簡單，只是改變一下心態而已。當你沒有錢花的時候，何不試想一下沒有飯吃的人呢？

煩惱眞的是影響我們生活的頭號殺手，面對煩惱，我們應該學會樂觀的對待它，畢竟人的一生不可以是一帆風順的，每一個人都會面臨生活的種種打擊，只不過是方法不同而已。沒有煩惱的人生就不能稱之爲人生，假如生活當中沒有煩惱，人生也就不會有所發展，永遠停留在一個階段；只有不斷的在煩惱之中尋找新的起點，我們的人生才會有所進步，過得有意義。

人的一生當中最難的，不是逆境重重，而是事事順心。逆境時危機四伏，只要殺出一條血路就能生存。但是在順境中，你會放縱自己，缺乏自我克制，從而失去了最基本的自理能力。人無百年好，花無百日紅，萬一天災人禍降臨到頭上，你需要別人幫助自己從頭做起。如果沒有朋友，就只能自力更生了。所以在你發達時要與人爲善，最好別排擠別人而樹立敵人。

當我們輸得一無所有的時候，我們還有時間、心靈的自由和健康的身體。只要我們身體健康，只要我們有良好的心態，就必定能「柳暗花明又一村」。

第七節　不要自尋煩惱

煩惱使你感到痛，但是痛感也是上帝賜予人類的一種重要生理功能。煩惱使你警醒，因此也使你進步，套用達爾文的進化論來說，人類是在煩惱中進化到目前的美麗狀態。試想，假如不是因爲食物短缺帶來煩惱，就不會有今天的人類。要擺脫煩惱，我們只有努力改善自我，來適應外部的現實環境。

有的時候，煩惱都是自找的。一個人如果有了以下的心理，那麼你就是自尋煩惱，無事生非：

1. 不是自己的問題反而攬到自己的身上，而且還自怨自艾，把一些人不喜歡你的責任也都歸到自己身上，不用多久，你就會煩惱。

2. 做根本不著邊際的夢。最可憐的人，是那種慣於抱不可能實現希望的人。如果一個人把目標訂得太高的話，他就會因爲自己不能實現目標而煩惱。

3. 盯著消極面。總把你多少次受到不公正待遇，多少次別人對你說話不友善的態度掛在心上。如果你總是把所有的精力緊盯在你不愉快的、吃虧的事情上，你便會運用這種消極思想給自己製造煩惱。

4. 製造隔閡。從來不去讚揚別人，即使別人有值得你學習的地方，你也不會說幾句好話；其次，喋喋不休地批評、挑刺、埋怨、小題大做。這是製造隔閡、自尋煩惱的妙法。

5. 滾雪球式地擴大事態。當問題第一次出現，你就應該正視它，讓它來不及擴大。反之，如果讓問題像滾雪球一樣不斷地壯大下去，只會讓問題變得更糟糕，必定會導致你的苦惱。

6. 以殉難者自居。母親們過度地承擔家務勞動，然後對自己說：「沒有一個人眞正心疼我，對我們家來說，我不過是個佣人而已。」當父親的也說：「我的骨頭都累散了，誰也不把我當回事，大家都在利用我。」經常這樣想，必定會使你煩惱異常，而且還使周圍的人感到討厭，令你的處境更糟。

7. 「我早就知道會如此」症候群。如果壞事情在你的預料之中，它們大多會成眞。

8. 蠢人的黃金定律。把別人看得一文不值。你首先嫌棄你自己，一旦看不起自己，接下來就會覺得其他人也同樣淺薄，對他們不屑一顧，使自己衆叛親離。

你是否有以上的問題呢？不論你是高官還是平民，不論你是富豪還是窮人，不論你是社會名流還是無名之輩，恐怕誰也超越不了「有得必有失的」辯證邏輯。即使你不自找煩惱，但還是少不了煩惱，因爲人不是超脫凡俗的聖人，既然這樣，我們就要學會善於淡化煩惱，化解煩惱。

朋友們，勇敢的面對人生吧！也許會有不如意，但是人生就是有起有落，換一種角度看待問題，也許會有不同的答案，讓我們快樂的生活，快樂的工作，快樂萬歲！

第八節　拋開你的煩惱

你可以尋找甜蜜的愛情，你可以尋找知心的朋友，你還可以尋找美好的生活，但是你千萬不能自尋煩惱。

每一個人都會有煩惱的時候，煩惱的時候你都怎麼辦呢？你有沒有找出煩惱的根源呢？我們應該如何拋開煩惱呢？以下四個辦法值得參考。

1. 採取比較的觀點。比如發生了火災，死傷的人很多。未傷者受驚，輕傷者輕痛，重傷者重痛，死亡者慘痛，由前往後比，雖是不幸，但又是大幸；從後往前比，則是不幸中的大幸。在籃球運動的世界裡，如果人人非要跟喬丹比較，那眞的是自尋煩惱。

2. 採取時間的觀點。遇到煩惱的事情，把目光放長遠來看，心中對此煩惱的感受程度可能就會大大減輕。例如，受了老闆的當衆批評，感覺很難堪，如果始終耿耿於懷，你就不會快樂。何不這樣想呢？隨著時間的流逝，也許一個星期後，別人早已忘得一乾二淨，而你何不提前享用這時間差的好處呢？

3.採取現實的觀點。勇敢的面對現實，承認既成事實的過失及災禍，不必後悔和內疚。此時你應該做的是努力想辦法來彌補，儘量減少損失，不然的話，你即使再後悔、自責，那不但不能爲你解決問題，反而會令你更加的煩惱。

4.採取換位的觀點。旁觀者清，當局著迷。一味的鑽「牛角尖」，你是很難找到頭緒的，有的時候甚至無法控制自己的行爲，這時，旁觀者的安慰往往可以給你指點迷津，從而淡化你的煩惱。

除此之外，還要知足常樂。如果你對自己要求過高，總不知足，當然很難感到愉快，又會增添很多煩惱。

請記住一句話：煩惱就像天空上的一片烏雲，如果你的心中晴空萬里，煩惱不會對你有絲毫的影響。

煩惱不是隨時都會形成。首先我們要瞭解，煩惱有時也是自找的，假如你不把問題想得那麼複雜，不那麼斤斤計較，假如你樂觀一點，許多問題都會化爲空氣，你也就不會有那麼多的煩惱。讓我們抛開煩惱，奔向新生命吧！

第九節　紓壓良方

在這個高速發展的社會，人們的生活節奏和工作節奏越來越快，每一個人所承受的壓力也逐漸變重了，就算是一個樂天派的人，都會對它束手無策。壓力幾乎每時每刻都在敲打我們的門，糾纏不休，驅之不散。生活當中難免會有一些壓力讓人情緒波動。最令人擔心的，是精神狀況原本就不穩定的人，例如，憂鬱症和精神分裂症患者。「憂鬱症」在任何年齡層的人身上都可能會出現，只不過是程度上不相同而已。年輕人大多因爲學業而感到壓力沈重；中年人面臨事業、家庭兩方面壓力；老年人面臨健康危機和老友的病故，內心感到空虛苦悶，有的時候甚至會害怕。那麼我們如何面對呢？

事實上，一般人或多或少都有「鬱卒」的時候，如何適當的放鬆自己，對抗壓力，儼然成爲現代人必修的功課！在面對不同壓力時，每個人的反應也會不一樣。一個天性開朗、調適能力較強的人，比較可以順利地排除壓力；反之，個性較悶，調適能力較弱的人，可能會情緒低落，吃不下，睡不著，對任何事都提不起勁，對未來感到悲觀，信心喪失，嚴重的甚至會有自殺念頭，需要接受治療。

各種壓力會使我們的工作效率低下，也可能把我們的生活弄得一團糟。問問身邊的中年男士：「壓力大嗎？」幾乎每個都會告訴你：「很大。」男性的尊嚴造就了男性的生活壓力，長期處於巨大的壓力當中，人人都會崩潰。適時減壓是男人制勝的法寶，我們來看看，身處「江湖」的男士們有什麼減壓妙計？

1. 多和家人相處。

男人一般在走向年老的時候，才後悔沒有多和自己的家人在一起。無論外邊多麼的繁華，那都是個「江湖」，有江湖當然就會有險惡，而家裡永遠都是平靜的港灣。有的時候做一點兒家務，找個人談談心，和妻子散散步，什麼壓力都會被拋到九霄雲外。

2. 多運動。

高強度的體力活動往往需要集中注意力，讓你沒有半點時間顧到別的。因此，再多的壓力也可以釋放出來，也許，運動過後的活躍思維可以使你「柳暗花明又一村」，面臨的難題迎刃而解。不過，要選擇適合自己的運動，不要蠻幹。

3. 努力培養自己的愛好。

爲了在短時間之內忘卻壓力負擔，不如將注意力轉移到自己的愛好中。例如讀書、寫文章、音樂、美術等。如果你沒有什麼愛好的話，那就更好了。你只要去學習某一樣愛好，就能讓你樂而忘憂。

4. 幫助別人。

當你把自己的快樂建立在別人的快樂之上時，生活中的壓力可能就根本不存在了。因爲當你幫助別人時，你的心中已經沒有了自己，哪裡還會有你的壓力呢？

5. 嘗試沒試過的。

也許你從不清楚市場上的青菜價格；或許你從來沒有機會做你想做的。發動腦筋，去做那些你未曾做過的，無論是驚喜還是沮喪，至少你可以把壓力晾到一邊。

一般情況下，男士和女士的工作性質不一樣，排解壓力的方法也就不相同。女士們面對來自外界的壓力，應該怎麼做呢？

1. 不要故意給自己加壓。

不少人對社會、對家庭、對自己都有不同程度的不滿。有些人喜歡在壓力中生活，在壓力中迎接挑戰，覺得那充滿成就感。但不是每次都有好運氣，壓力多了會壓得自己喘不過氣來，久而久之就會損害身心健康。

2. 以自己獨特的方式適應社會

每個人都有自己的活法，你走你的陽關道，我過我的獨木橋。立足點不一樣，成就點也不一樣。要敢於以自己獨特的方式適應社會，並爲社會發揮自己的光和熱。

3. 知足常樂

人不可缺乏進取心和奮鬥精神，但一味追名逐利反而會得不償失。只要曾經努力過，得到了進步，有了收穫，就不要苛求自己。

4. 學會宣洩

一個人的健康包括身體和精神兩方面。如果自己覺得心理壓力過大，就該去看心理醫生，尋找解脫的良策。遇到不如意的事情，可以透過運動、讀小說、聽音樂、看電影、看電視、找朋友傾訴等方式來宣洩不愉快的情緒，也可以找適當的場合大聲喊叫或者痛哭一場。

正處在極度壓力中的人，不妨試試上面方法，尋找適合自己的解壓方式，也許對我們有極大的幫助，讓我們都從壓力中解脫出來，樂觀的面對生活。

第三章　女性也有難處

都說做男人難。男人要養家糊口，撐起一片天。難道說做女人就容易嗎？她們就沒有自己的想法和事業了嗎？女人要照顧孩子，還要兼顧工作；女人也不甘心平庸，也想出人頭地，也想……然而，在這樣的社會中，女人的痛苦多於快樂。

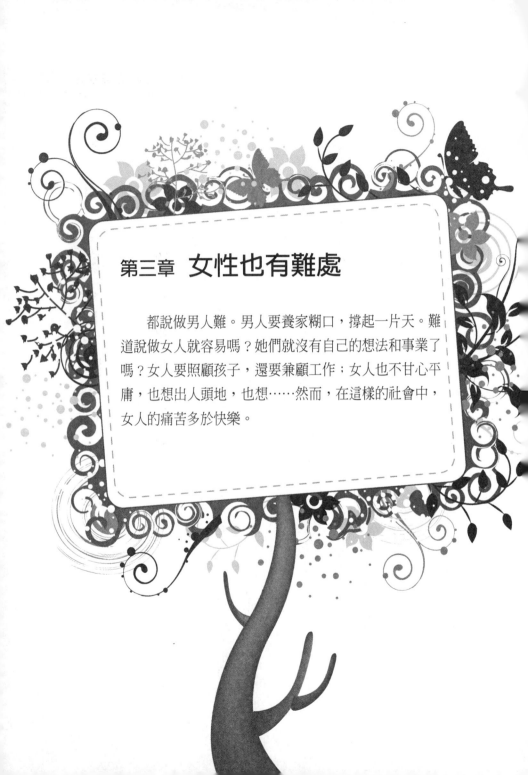

第一節　一段非正常的感情

電話裡，敏兒嘶啞的聲音聽起來顯得很蒼老，如果沒有弄清她的情況，會以爲她是一個四十歲以上的獨身女子。

但想像有時和事實有很大的差距。見到敏兒，才知道她是個長得像精靈的漂亮女孩。她有著精緻的五官，一身運動型穿著，白色背心配淺藍色牛仔短褲，顯得活力十足。只有她那嘶啞的聲音，平添了幾許滄桑感。

敏兒住的地方離這裡其實很遠，但她執意要選擇這個地方講自己的故事，說話的口氣也不容置疑。她說：「他以前給我買的房子就在附近，我想在那個地方講我的經歷。」她的聲音讓人無法反對，也無法表示出任何異議。她的開場白是她很懷念她的毅豐，以下是她的故事。

我不知道投入他的懷抱是不是一種宿命。因爲他讓我覺得有人保護，我也可以擁有一個屬於自己的懷抱。

那個時候的我是一個需要保護的人，我只知道他能借給我一個懷抱，在我傷心的時候讓我從因難中走出來。我知道那不是宿命，他常常讓我懷念起我死去的母親。我不知道這算不算是一種錯，但我知道他能給我現在的溫暖，我就很滿足了。

我半歲的時候，母親就去世了。當別人家的孩子在媽媽懷裡撒嬌時，我好傷心，因為我也想在自己的母親懷裡撒嬌，可我只能在幾張泛黃的老照片上找尋母親的痕跡。幾年後，爸爸再婚，家裡又添了個妹妹，加上我的哥哥，一家五口的日子過得雖清貧，但也還平靜。繼母對我和哥哥還不錯，然而就在我初三那年，繼母突然去世，這對於我們簡直就是晴天霹靂。此後，爸爸的脾氣變得越來越暴躁，我也很倔強，經常跟爸爸頂撞，惹爸爸生氣。一個鰥夫帶著三個孩子，這個家已經沒一絲祥和與歡樂。這個名義上的家庭已不像個家庭。我獨自走出家門，一點也不後悔，我會想盡一切辦法來挽救這個家。就在這個時候，「他」出現在我的世界裡。

認識他的過程一點也不浪漫。高中畢業後，我讀大專。轉眼間，三年的大專生活即將結束，同學們都忙著找工作。寒假前，同寢室的好友去找工作，很快就進了一家公司，她回來告訴我，那家公司還缺個老總秘書，想讓我們去試試，於是我去那家公司看一看。

他給我留下了「沒有品味」的第一印象。身爲一家公司老闆，開的車雖然不錯，但穿在身上的衣服總讓人覺得不夠品味。

那個時候的我，是什麼都不懂的土丫頭。認不出他身上衣服的價值。現在的我已經不再是當年什麼都不懂的土丫頭，名牌衣服也認得幾件了，才知道當時他身上那套西服價格不菲，可穿在他身上就是看不出高檔來。他就是這樣的一個人。

那天，毅豐和我匆匆說了幾句便說「錄用了」，我簡直不敢相信一個老闆竟然是這樣選人的，感覺這樣的應聘也太簡單了點，加上他的公司沒有想像中的好，我把毅豐的公司丟在腦後。誰知幾天後，毅豐要我們幾個女同學和他一起出差，說是見見世面，但我們警覺性很高，一個也沒有去。

不知不覺，已到年底，我拿著行李踏上回家的路途。我家很遠，在我的內心裡，我是不想回家的！回家的第一件事準是和我爸吵架，事實果然不出我的所料。

剛回家，我和父親之間因爲一點小事就爆發了「戰爭」，大年初三我就被趕出家門，身上只有三百塊錢。無奈之下，我便在正月初八去了毅豐的公司上班。

到了毅豐的公司後，我成爲他的秘書，跟我一起去的另兩個女同學跑業務。毅豐對我似乎特別器重和關心，我對他的印象也漸漸有了改變，他在工作上很有自己的一套，不論是什麼問題他總能解決得很好。而且他很有才華，經常寫寫詩什麼的。總之，在我眼裡，他變成了有著成熟魅力的成功男士，我對他的看法有了九十度的大轉變。

上班沒幾天，他便帶我和司機去了很多地方。一路上，他講了他的創業史，讓我特別佩服。他是個學歷不高的鄉下人，能白手起家，有今天的成就的確不易。他還講了他的家庭，說他的婚姻很不幸，家庭給不了他溫暖，現在的太太是他的第二任太太，但他們之間沒有感情。一個成功男人婚姻卻很失意，我爲他感到惋惜，也爲他心痛。哎，眞是每個人都有他的無奈！這樣說來，「家家有本難念的經」這句話一點都不錯。

我遇到的正和電視或小說上描寫得差不多，「痛說家史」，這不正是很多有閱歷的男人勾引涉世不深的女孩的經典伎倆嗎？但是我那時並沒有這樣的感觸。

毅豐的這些小伎倆現在看來痕跡太明顯，目的也太明確了，可我剛從學校的象牙塔走出來，什麼都不懂。這不就像一個魚鉤嗎？但這個魚鉤太吸引我這樣一條大魚了。

一個雙休日，我們一起去了一個旅遊區，那天他吻了我。當時我很害怕，從來沒有人吻過我，我竟然傻乎乎地認爲這輩子就只能跟他，沒有人會喜歡我，於是就糊里糊塗地跟了他。回來後我們就同居了，他許諾再也不會愛上別的女人，也不讓我再跟別的男人，其實我很清楚我們不可能長久在一起。我不想破壞他的家庭，因爲我深知不幸家庭的孩子會有多痛苦。

我從小缺少家庭溫暖，毅豐對我好，我便深深地陷了進去。雖然我們年齡差距很大，他的兒女都只比我小幾歲，但當時我天眞地認爲緣分天註定，愛情是沒有對錯之分的。現在想起來，只覺得自己好傻呀。

從二〇〇〇年到二〇〇三年，我和毅豐一直過著同居生活。因爲跟毅豐的曖昧關係，跟我一起進公司的兩個好友也和我翻臉了。那時候我眞的沒有臉去面對她們。後來我便離開了公司，自己找工作。在毅豐的幫助下，我找工作是很順利，可是幾乎所有的工作都不能善始善終，總是因爲他的懷疑而結束，他總是怕我碰到比他更優秀的男人。他不知道自己在我心中的地位是別人永遠都無法取代的，因爲他是我第一次付出愛，並且愛得如此之深的男人。

可是，慢慢的，我發現毅豐對我的感情似乎越來越淡了，他來找我的頻率由一週一次，到兩週一次，再到三週一次……

有時候，我明明看見他的車就停在酒吧外面，可也沒有進去找他，因爲我不想要那種尷尬。我一個人靜靜地走回家，看著一屋子他買的東西，默默地流淚。我感到很傷心，但我無法責備他，因爲我知道他本來就不屬於我。

還有一些細節也讓我很敏感。他常常會忘記我們在一起的特殊日子，包括我的生日，這讓我很傷心。我花自己的錢給他買的一些我自認爲貴重的東西，轉眼便會被他隨手扔到不知哪個角落了。他還時常有意無意地叫我找個人嫁了。這些都讓我傷心欲絕。我愛得好辛苦！

我不知道四年前那個毅豐哪裡去了，四年前，他在我眼裡是那麼成熟、有才華、熱心、體貼，對我是那麼的無微不至，但現在，那個毅豐他跑哪去了，我的心都碎了。但是我無法挽回一切。我好後悔當初的決定。

也許，所有的人都會認爲年輕女孩愛上男人是爲了他的錢，我承認，一百個裡九十九個是這樣，但我絕對是那例外的一個。毅豐從不陪我逛街，理由是怕遇見熟人，他總是給我錢讓我自己去買，但那錢我都如數退還給他，因爲沒有他，我根本就沒有逛街的心情。那時候我一點也離不開他。我是那麼的依賴他。我已經把他當成我的另一半了，但我沒想到最後會是這個樣子。

最後，我給他的期限是四年，如果他還是毫不悔改的話，我就離開他。從二〇〇〇年三月到今年三月正好四年，我從不食言，終於離開了他。我實在是受不了了。我相信自己的決定是對的。我在心碎的情況下走了，我想忘記他，忘記這裡的一切，重新生活。

到現在，我仍然不知道他到底有沒有愛過我。有時我更願意相信，也許他對我眞的有愛，只是這種愛讓他很爲難。我知道那肯定是一時的衝動吧！

我走的時候，只帶了幾件換洗衣服，而且都不是他送的，家裡的東西我一件也沒拿，連他送的手機也換了，我現在用的東西沒有一件與他有關。不是清高，只是爲了忘記他。他給我買的房子，鑰匙我已還給他，他最後給我的錢，我一分不少地退了回去。這是我做事的原則，與清高不清高無關。

我在朋友的幫助下，開了一家專賣牛仔服的小店，我已經無法再進入公司團隊工作了，因爲我無法和男性同事正常接觸，心中總會有陰影。生活過得很辛苦，嗓子也是做生意累壞的，但我一點都不後悔，心裡也坦蕩了許多。我想走出陰影，走出他的世界，回到記憶中的我。

現在也有男孩追求我，並說只要我願意就帶我一起出國，但我沒有答應。也許是因為心裡已經被一個人塡滿了，再也無法放進另一個人。也許有一天毅豐不像現在這樣有錢了，不再有那些有錢男人的壞毛病，那時我更願意接受他；當他身邊那些盯著他錢的女人都離他而去的時候，也許只有我會留在他身邊。我知道我會原諒他，也會看在以前的份上接受他，還會像以前那樣的愛他，像他愛我一樣。

這是一個非正常的感情故事，結局很苦澀。其實每段感情都很累人，而女人往往更容易受到傷害。何苦活在感情的陰影裡，勇敢地走出來，過自己想過的生活吧！

第二節　粉領族的愛情

常聽人說，粉領族晚婚，單身的居多，不知情者覺得她們是趕時髦，想浪漫，要個性。其實面對婚戀，她們也有著許多不爲人知的苦，有著剪不斷、理還亂的煩惱。這些話從白領嘴裡說出來，大家也許會覺得她們在故作矯情，這樣的人領高薪，卻還在說生活無聊。可是，理解她們的經歷，你也許會有不同的看法。

下面幾個故事是粉領族對愛情的態度以及她們的眞實經歷。

希望早日找到真愛

顧潔是一家合資企業的職員，每月有著不菲的薪水。她嚮往婚姻，一直都想著能早點結婚，體驗她父母那相濡以沫、白頭偕老的愛情。情竇初開時，她就無數次地幻想自己的婚姻：潔白的婚紗，九百九十九朵玫瑰，王子般的新郎，天堂一樣的家園……但是，眞的很難。她想結婚的時候，身邊沒有中意的男人；等有了愛她的男人時，她卻不敢眞的邁進婚姻的殿堂，因爲她不知道對方是不是自己可以託付終生的人。像童話裡王子與公主的故事，只是一種幻想罷了。顧潔告訴自己，不要想得太美，一切都不可能發生，愛情和婚姻是現實的，人不是靠幻想就能過日子。

顧潔說她也談過很多次的戀愛，卻沒有一次能夠談到論婚嫁的地步。英俊的男人總希望她能圍著他轉，而相貌平平的男人又總是擔心得不到她的心。有錢的男人多自負，沒錢的男人又有些自卑，也許這是男人的通病吧。她也曾考慮過找一個白領同事結婚算了，可是那些白領永遠都是事業第一，婚姻第二。因爲現在職場的競爭太殘酷，誰都不敢對工作掉以輕心，每天大部分時間是在公司度過的。而成家後，會因爲工作忙碌而聚少離多。沒有時間在一起，感情只會越來越淡。讓人既沒有家庭幸福感，也沒有家庭歸宿感。顧潔說她有一位女同事看上了一位男同事，兩人沒多久便動了結婚的念頭，可最終還是放棄了。原因是他們個性都很強，都是事業狂，都需要有人幫助自己釋放壓力，後來越交往，就越覺得對方不是自己理想中的人，最終還是分手了。對於她們白領來說，人不能光有一個美好的家庭，還得有一個自己喜愛的事業，她們認爲這才算是個圓滿的人。原來，白領大都是完美主義者。顧潔說，現在的人多半以事業爲重，愛情再說吧，這也沒有什麼好大驚小怪。

她說她也明白，這個世界上沒有十全十美的男人，可她老媽告訴她，有才華有愛心的男人才可靠。還說，找男朋友不能只圖眼前，長相好、收入穩定的男士一般安於現狀，只希望女方婚後能夠做賢妻良母，自己則悠閒度日，如不思進取的話，這個家就會坐吃山空。十全十美的人世界上不可能有，不過只要你不太苛求，還是可以找到一個可靠的人，來陪自己走完一生。

顧潔說，她的愛情在經歷了一段懵懂的歲月後，開始慢慢變得成熟。她以前比較在乎相貌，但是現在更看重才華和人品；以前她想找一個她愛的人，現在卻只想找個喜歡自己的人結婚。其實，選擇生活的伴侶時，不僅僅要看一個人的才能，還要看他的人品，更要看他對自己是不是眞的好，是不是處處讓著你，這樣才是一個眞正能與自己共度一生的人。和一個相愛的人相遇不是件容易的事，而能和自己相愛的人走進婚姻的殿堂更不是說了就能做到的事。但你我要相信，緣分是上天注定的，你一定會找到那個能與你共度一生的人，陪你經歷人生的風風雨雨。

曾有的經歷，讓她對男人充滿了恨

小樂在一家有名的外商就職。在別人看來，小樂絕對是一個漂亮的女孩子。她長著一雙大而明亮的眼睛，一頭長髮垂到腰際，舉止落落大方，對男人頗具誘惑力。她身邊的男友走馬燈似的換，可她一個也看不上，反而喜歡「逗」男人。總有人會好心的勸她，找個喜歡自己的男孩子嫁了，不要天天這樣玩，會讓別人看不起的。可小樂毫不在乎，一副無所謂的樣子。

一天，小樂又去舞廳跳舞，那天舞廳裡人特別多。小樂注意到一個男的，可能是剛學，舞技不行，每次和小樂相遇時，他總是摟著女友有意或無意地碰她一下，或是踩上一腳。小樂杏眼圓瞪，那人忙向她欠身致歉，連連點頭賠不是。小樂想，這樣的人肯定也不是好東西。小樂便開始在心裡想著，過會兒怎麼去整他。

機會來了。那人的女友被招呼離去，小樂主動與他共舞。他的手一摟小樂的腰就顯出了好色的本相，用力把小樂往懷裡抱，另一隻手還不時拍拍小樂的裸背。小樂似乎心有靈犀，裝出很陶醉而柔情的樣子，跳完幾圈後，那人請小樂吃飯，小樂趁他不注意，將安眠藥倒在他的啤酒，然後不住的勸他喝。那個男人不知是計，結果醉倒在地，昏睡不醒。然後小樂在那人的嘴唇塗上淡淡的口紅，好像是和女人剛接過吻一樣。

過了一會兒，那人的女友來找他，見他這模樣，氣得狠狠打了他幾個耳光。那人被打醒了，卻不知怎麼回事，直到女友拿來一面鏡子讓他看清楚，他才知道被人耍了，可那個女孩子已經無影無蹤。他知道解釋是沒有用的，只好跪下向女友「認罪」。她在暗處見他那副狼狽相，覺得十分開心。

問小樂爲什麼處心積慮地誘惑男人，她總是劈頭一句：男人沒有一個是好東西！原來，上初中時，她被人強暴了；初戀時，她愛得如醉如癡，男友又莫名其妙地提出了分手。從此，小樂開始恨男人，開始遊戲愛情。

可是小樂怎麼不想想，不是所有的男人都像她遇見的那樣，只要她肯用心，一定會找到眞愛她的人。她不該因爲受過男人的傷害，就認爲男人沒有一個好東西，不再相信愛情。其實天下的好男人多得是，關鍵在於你對愛情的態度。幸福是要自己去爭取的。問題應該看兩面，不要走向事情的極端，到頭來，害的還是自己。

不求天長地久，但求曾經擁有

杜微是一家出版社的編輯。她長著一雙迷人的大眼睛，這雙眼睛不僅清純溫柔，更有一種霧氣濛濛的美。當可愛的她第一次走上舞臺，代表編輯部主持文學沙龍時，那雙夢幻般的眼睛就傾倒了很多文人的心。大家都在想，她不但漂亮，還是一個純潔的女孩，這樣的女孩子是越來越少了。

一向女多男少的文學沙龍，因杜微的加入驟然人多起來，而且都圍著杜微轉。從對文學藝術不厭其煩地侃侃而談，到噓寒問暖代為烹茶買盒飯的殷勤；從聖誕賀卡上含蓄地表達，到同去郊遊踏青的大膽邀請，以不同的方式進行著相同的競爭——贏得杜微的青睞。可是，他們誰也沒有得逞，他們不知道，長在藝術之家的杜微從小就目睹父母之間溫馨浪漫的情調，早就決定自己的感情生活一定要是最獨特最浪漫的那種。面對如潮而來的追求，她熱情大方，既不給人難堪，也不給人進一步親近，與人保持著適度的距離。

終於，在又一期的文學沙龍上，一個人的出現，打動了杜微的心。他是一位小有名氣的青年詩人，在大學研究班「充電」。他長得很普通，沒有令杜微傾倒的長相，卻有著令杜微傾倒的氣質。杜微後來對人說：「那時我根本就沒看清他長得什麼樣，也幾乎沒有聽清他究竟講了些什麼，可他一開口，那聲音，那氣度，那手勢，就把我給打中了。」

後來，他成爲文學沙龍的特約指導。杜微和他的接觸越來越多，他們有了更進一步的交談，有了越來越多單獨在一起的時光。後來他們開始手拉著手走在城市的街頭。他們沉醉在愛河裡，忘記了時間，忘記了環境，也忘記了界限。這樣的感情好美呀，但這個夢是不會太長的，因爲他已經有婚約。杜微說：「他爲了我，兩年的寒暑假都沒回去過，我還能求什麼？只要和他在一起，我就覺得滿足。不求天長地久，但求曾經擁有。」

在粉領一族中，像杜微這樣不求結果，只求過程的感情人物爲數不少。可是，每段感情都要付出心血的，雖然嘴上說得不在乎，可不得不分手的時候，你還會那麼灑脫的面對嗎？你眞的能忘掉曾發生過的一切嗎？如果你不能，最後傷心的還是自己。與其開始一段沒有結果的感情，還不如耐心去找生命中對的那個人。

她的愛情不受婚姻的束縛

寶兒是一家公司的設計師，和現在的男友已經同居三年了。寶兒說，每天只要在家，他都會準備好晚餐，他們生活得很幸福，和任何一對夫妻沒有區別。如果一定要說有的話，那就是他們沒有結婚證書，一直都沒有。因爲他們不想讓愛情受婚姻的束縛。

寶兒是一個經濟獨立的人，有自己的事業。男朋友和她是一個圈子的，有好多共同的話題，接觸的時間長了，自然就有了感情，於是就同居了。寶兒曾對男朋友說：「如果你哪天厭倦了，就離開。」三年了，寶兒笑笑說，他們還在談戀愛，什麼事情都能商量，也許是沒有束縛，彼此反而更加尊重。男朋友是個很勤快的人，經常幫寶兒做家務，甚至在很多事情上做得比寶兒還多。寶兒說，一個家庭需要共同付出，誰也不要爲誰犧牲什麼，否則一旦出現問題，佳偶成怨偶的事會層出不窮。而他們兩個因爲沒有婚姻的束縛，所以精心維護著愛情，維護著同居生活。三年了，兩人還是相看兩不厭，幸福時時溢滿心間。

他們把大部份的精力放在自己的事業上，也都有自己的朋友圈子，對彼此的生活習慣與朋友的來往，都能相互尊重和理解。寶兒說，他們是伴侶，是情人，也是很好的朋友。在工作疲憊的時候，彼此多一些相互的撫慰，在假日裡，製造一些感人的插曲，生活因爲同居而變得更加美好。寶兒說她喜歡自己的選擇。

寶兒是明智的，她懂得怎麼去保護他們共同築造的小家，懂得怎樣去享受眼前能把握到的幸福。

第三節　美麗是我的錯嗎？

現在的人越來越注重自己的外貌，許多人不惜重金，透過手術讓自己成為人造美女。可是有些天生麗質的女人卻因為自己的美麗而感到煩惱。

一個漂亮女孩曾給我講過她為美麗而煩惱的故事。

我的母親是個美人，繼承了母親的遺傳，我從小就生得好看，如今已經長大成人的我更是如此。現在的女孩子都希望自己漂亮，可我卻在為我美麗的外貌煩惱。因為無論走到哪裡總有很多人看我，不誇張地講，從早晨出門的那一刻開始，我就不得不活在眾多人的目光裡。有的是欣賞，有的是嫉妒，有的是挑釁，更有一些是不懷好意。我越來越能分辨出那些目光中的意思，我認為最後一種目光總是最多的，這對我的生活造成了不小的困擾。光被那些不懷好意的目光盯著，就已經很難忍受了，如果他們對我有更大的企圖，我真的不知道該怎麼辦。

雖然我也愛美，愛照鏡子，也喜歡別人的稱讚，也會去做個漂亮的髮型，出門前也會想怎樣搭配衣服等等，但我從不化妝，以免被人盯著臉看。我想過出門戴口罩，但即使是SARS的時候戴口罩出門，也還是會被人看，竟然還有人藉臉上的口罩和我搭訕，眞是沒辦法。

第一次被異性騷擾是在十三歲的時候，我嚇得哭了半天，可我沒有想到那只是一個開始，以後的日子裡，這樣的遭遇我已不記得有多少次了。不過現在，我對付這種人已經有一套，一般不會讓他們得逞，所以也不會像以前那麼害怕得不知所措。我不斷地想對策，比如交一個男朋友，每次出門有他陪在身邊，甚至想寫個徵男友啓事。當然，這只是無奈時想想而已，我不會這麼做的。說出來別人可能不信，我從來沒有過男朋友，更不要說爲了避免被人騷擾而去交男朋友了。像我這樣的人說「沒交過男朋友」，就會被人緊接著問：「那交過女朋友嗎？」現在同性戀很多，有不止一個女孩對我示愛，還有人坦白地對我說她是雙性戀。說眞的，我覺得自己有點討厭男人，因爲他們騷擾我，色色地看我；女孩就不會，而且那些女孩也很漂亮。不過到目前爲止，我還是異性戀者，因爲骨子裡我是個很傳統的人。

除了被騷擾，我還有別的煩惱。走在街上的時候，就會有女孩看我一下，然後再看看身旁的男友有沒有看我。每當此時我都覺得委屈，眞想大聲對她說：「我不需要搶妳的男朋友，妳不必防我！」我不希望女人敵視我，我沒有做錯事，爲什麼不能對我友好些呢？難道就因爲我長得漂亮嗎？

其實我是個熱情開朗的人，喜歡融入群體。除了外表，我在性格和能力上有些優勢，我可以把事情做得很好。但現在我害怕了，總擔心在職場被男同事騷擾，被女同事排擠。

這個困擾讓我很難受。我沒法和父母講，怕他們擔心；更不敢和朋友講，怕他們說我驕傲。

別人都以自己的美麗而驕傲，可是我卻被美麗困擾。有時我眞的想，如果我長著一張普通人的臉，也許就不會有這麼多的煩惱，也許我會過得很開心。可是，我沒法改變自己的相貌。但，美麗是我的錯嗎？如果美麗有錯的話，爲什麼那麼多的人會透過手術讓自己變美，而更多的人也都喜歡長得漂亮的人？又如果美麗沒錯的話，我爲什麼會因爲美麗而有這麼多的煩惱？

其實，美麗不是錯。愛美之心人皆有之，看到漂亮的東西總想多看幾眼。對於那些注視的目光，要學會泰然處之，不要有過多別的想法。

有的女性會因為別人比自己漂亮而心存敵意，甚至故意貶低美女，但這絕對成不了「氣候」。事實上，美女們的自尊、自愛，以及很好的工作能力，會讓這些小小的「難題」不攻自破。因為時間可以證明，妳的存在是因為妳的能力而非相貌。

所以，美麗本身沒有錯，美麗也不是妳的錯，正確看待自己的美麗，用好妳的美麗，妳會發現，自尊自愛、溫柔善良的美女是人人都喜歡的。

第四節　爲什麼受傷的總是我

在社會上，女人總是扮演著弱者的角色，吃苦受累的是她們，婚姻生活中受傷的也還是她們。一個朋友給我講了她的故事：

我是個苦命人。我是家中最小的女兒，前面有一個哥哥，三個姐姐。我的婚事是由兩家的老人撮合的，兩家關係好，公婆看我老實乖巧，就要我做他家兒媳婦。我嫁到他家，婚後不久公公就去世了，婆家講究特別多，因爲公公是在我進門後不久去世的，他們就說我不吉利，從此，婆婆對我偏見很深。還好丈夫待我不錯，他是個性格開朗活潑的人，也會體貼人，我們婚後有過一段還算幸福的日子。然而好景不長，婚後第二年，我剛剛休完產假，正準備上班的時候，丈夫卻突然病倒了，一檢查，肝硬化晚期！

那年我才二十六歲，孩子才半歲！年輕不知事的我，不知該怎麼辦好，只好跑去告訴婆婆丈夫的病情。婆婆聽後淡淡地說：怎麼不送大醫院？丈夫生病住了院，我休完產假也該上班了，孩子沒人看，婆婆不願意幫我照顧。我醫院、家裡幾頭跑，好不容易丈夫的病情穩定下來，出院了。從此，丈夫在家照看孩子，全家的生活重擔就全壓在我肩上。我在棉紡廠上班，薪水微薄，要養家，又要給丈夫治病。那段日子裡，我們一家三口都在我娘家吃飯，平常的日子，姐姐們你接濟一點我接濟一點的過著。

屋漏偏遇連夜雨，女兒這時也病了，得的是眼部神經方面的病，右眼皮抬不起來。我和丈夫抱著女兒跑到這家醫院說沒治，跑那家醫院說沒治，但我又怎能忍心放棄？我們跑遍了大醫院為女兒治病。到了這個時候，丈夫的病也顧不了，就這麼拖著。有時候，我覺得我都快撐不下去了，真想一死了之，但我死了他們父女倆怎麼辦呢？丈夫的病連著女兒的病，婚後幾年我幾乎沒買過一件新衣服，也從不逛街。

這樣苦熬了三年多，蒼天有眼，女兒四歲的時候，病終於治好了。但丈夫的病卻越來越嚴重，每年冬天或夏天總要住幾次院。這時候大環境不景氣，工廠做一天休一天，有了今天沒明天，生活的艱難可想而知。

有人勸我：「離了吧，這樣治也治不好，把妳拖到哪天是個盡頭？」但我怎麼忍心呢，他是我丈夫呀。我是個傳統的女人，把丈夫看得很重。再說現在公婆都沒了，我要再這樣，讓他怎麼活？不管多難，我也不能放棄。丈夫心疼我，對我說：「跟了我這些年，妳沒過過好日子，妳吃點穿點吧，我這病也就是熬天數。」我哭著說：「你別說了，有你在，我每天回家看見你心裡還有個依靠，有個安慰，要是你沒有了，讓我怎麼活啊！」爲了給丈夫治病，我想盡一切辦法，不管是電視上還是報紙上，只要看見能治病的偏方，我都要試一試，爲此也上過不少當。但是丈夫的病還是無可挽回地漸漸惡化了……

後來丈夫再次病重住進了醫院，大夫搖著頭對我說，這回恐怕不行了……話沒聽完，我就暈倒在地上。但這次我丈夫又從死亡線上逃了回來。從此以後，丈夫開始自暴自棄，他沾上了賭博，東借西借地去賭錢，我們困窘的生活更是雪上加霜。

一九九九年的八月，丈夫再次住院了，他這次再也沒有回來。我們一起度過了十一年的婚姻生活，女兒才十歲。辦完丈夫的喪事，我在床上躺了整整一個月。丈夫走了，我和女兒的日子還得過下去。父親死了，女兒好像一下子長大懂事，本想就這樣與女兒相依爲命地過下去，沒料到的是，我還沒有從喪夫的打擊中恢復過來，命運又一次給了我重重一擊。丈夫在的時候，雖說他是成年累月地病著，但家裡有他這麼個人在，還感覺到是一個完整的家，家裡還有生氣和樂趣。現在沒了他，家中一下子空落落的，我一個女人，既當爹又當媽，有些事情確實難爲得很。

一年以後，開始有人勸我趁年輕再找一個，但我實在沒這個心思。就在這時候，一個人開始主動接近我了——他是我們工廠的大劉。大劉也是單身，他與老婆離了婚，也有個女兒，離婚時判給了他，但因條件限制，只好暫由前妻帶著。我們是同事，上班時總能碰上。那段時間我心情不好，他總是過來左勸右勸，給我寬心，讓我想開些，別老沉緬在過去的痛苦之中。大劉給了我不少安慰，但我實在是無心考慮再婚的事，他就理解地說：「等妳心情好了，想考慮的時候再說吧！」我是個守舊的女人，對於再婚的事有許多顧慮，想著女兒也大了，她會怎麼看媽媽？又顧忌同事，我們是紡織廠，女人多，蜚短流長的閒話也多，他們又怎麼看這事呢？再又想，我們廠的效益不好，他一個月也就拿一點薪水，我們要結合了，培養兩個孩子怎麼過得去？左思右想下不了決心。大劉寬慰我說：「妳放心，我會對妳女兒比對我女兒還好，就是沒飯吃，我搶一個大餅也先給妳倆吃。」

春節到了。大年三十晚上我就和女兒待在家裡，大年夜家裡好像越冷清了，看著女兒孤寂的樣子，我對她說，妳就到外婆家去吧！女兒放心不下我，說：「那妳呢？」我強笑著說：「不要緊，我看會兒電視就睡覺，妳去吧，媽媽就不去了。」丈夫去世後，我哪兒都不想去，總覺得沒精神，和親戚朋友也都不來往了。女兒走後，我把自己關在家裡，拿出一瓶白酒來，一個人坐下喝，喝著喝著眼淚就出來了，喝醉了，一個人關在屋子裡放聲痛哭，整整哭了一夜。第二天早晨醒來，發現自己趴在地板上，眼睛腫得像桃子一樣。母親打電話叫我過去，我怕她看了也傷心就沒去，直到第三天才出門。就從那天起，我開始考慮大劉。我想著，我不能這麼痛苦地過下去了，女兒也需要一個完整的家。大劉條件雖差點，但人不錯，對我女兒也好。經濟上雖說是緊張些，但只要人勤快，還能把人餓死嗎？

春節過後，我接受了大劉，他開始到我家來。他的出現帶給這個家不同以往的活躍氣氛，他對我女兒很好，我女兒也慢慢接受了他。我們談到婚事，我的意思是我們經濟都拮据，還有兩個孩子要供著上學，就簡單辦了，不添什麼新家當。但大劉還是堅持換掉我家中的舊傢俱，添置了新床，新桌子，把我看了十幾年的一個小電視搬走，換了二十六英寸的大電視：「他說，把東西換成新的，給妳一個新環境，別再去回憶以前的傷心事了。」他說我們雖然是半路夫妻，但他會像原配一樣待我的。大劉想在八月份辦婚事，我堅持到十月份再辦，因為八月份是我前夫的三周年忌日。但計畫沒有變化快，沒到八月份，人心卻突然變了。七月下旬的一天，我和女兒在家裡包餃子，女兒說，把叔叔也叫來吧。我打電話叫他，吃著飯，他有意無意地說：「妳說得也對，我們的條件供養兩個小孩確實不容易，我們的事再說吧。」當時聽了這話，我也沒在意，想著也就是隨便說說。但是從第二天起，大劉卻「失蹤」了。上班時再也見不著他，打電話也沒人接，我忍著羞恥去敲他的門也沒人開，不知他在不在裡面。

那些天我坐臥不寧，又不敢去問別人，怕別人笑話。最後，我實在沒辦法了，就偷偷地問我們工廠一個年長一點的師父。他猶豫了半天，吞吞吐吐地說：他好像在外面找了一個，條件挺好的，就要成婚了，我也只是聽說，也許沒這事……聽完這幾句話，我只覺得頭快爆炸了。我再也無法承受

，接二連三的打擊，讓我怎麼承受？我給女兒留下一封遺書，去了河邊。

那是個下午，河邊有幾個人在玩，我再也無法顧忌了，一個人坐在河邊哭，哭了整整一下午。我怕白天跳下去會有人救起我，死不成又丟臉，我等著夜深人靜的時刻。天漸漸地暗下來，那幾個人卻不走，還不時地向這邊張望，終於一個年齡較長的女人走了

過來。是這幾個素不相識的好心人救了我，他們不明就裡卻苦苦勸我好幾個小時，堅持要送我回家，我不走他們也不走，都夜裡十一點了，最後，我實在不好再耽誤人家，就把大劉的電話告訴他們，原想這就可以把他們支走，但他們卻堅持要看見人來才走，不然不放心。

大劉終於露面了，是和另外兩個同事來的。這是大劉「失蹤」幾天後的第一次露面，他和兩位同事把我送到我家樓下，兩位同事走了，他送我上去，只是說：「好好休息吧，有事以後再說。」我對他說，不管事情怎樣，總要說情楚。他仍說：「再說吧，我們的事一個月後再說……」他走了，又一次「失蹤」了，仍是既不見人也不接電話。我們的事即使不行了，也該說清楚，讓我心中有個底呀！有一天，我試著用外面的公用電話給他打電話，他接了，一聽是我，便說不想在電話裡跟我談這事！女兒也承受不了這個打擊，哭著責問我說：「媽媽，這究竟是爲什麼？我一個小孩，接受一個繼父容易嗎？好不容易我喜歡了叔叔，你們卻又這樣，爲什麼呀！」我能對女兒說什麼呢？我每天吃不下飯睡不著覺，整夜整夜地在房子裡走來走去，整個人都要崩潰了——我感覺像又一次死了丈夫，甚至比死了丈夫還痛苦！

有一天，我偷看了女兒的日記，女兒在日記裡寫到：「叔叔離我們越來越遠，越來越遠了，而我無能爲力。我恨媽媽，爲什麼會這樣？親人們都要我安慰媽媽，但誰安慰我呢，有誰知道我的痛苦？我想追隨爸爸去……」看了女兒的這些話，我的心痛得緊縮起來。我對女兒說：「媽媽也知道妳孤獨，但媽媽沒辦法呀！媽媽有什麼辦法呢？」

七月底的一天，他終於主動來我家，是來拿衣服的。對我們的事，他找了種種藉口，歸結起來就是：我對我們的婚姻沒有誠意！理由包括我不花他的錢，還有我們都是二度婚姻的人，爲什麼不早早住在一起！聽了這些理由，我能說什麼呢？我無話可說！末了，他說要請我們吃頓飯。我說，我們都談了半年，沒吃過你的一頓飯，我是體諒你經濟困難不想讓你花錢，現在還吃什麼呢！事情就這樣結束了。女兒看我吃不下飯，就勸我說：「媽媽，妳就吃點吧，要不我再去求一下叔叔。」我說：「孩子，這事求不來，我們也不求他了。」

這位朋友說，她不知道上天爲什麼這樣對她，爲什麼一次又一次的這樣傷害她？看著她悲傷的表情，看著她滿眼的淚水，我不知道該如何安慰她。我只能在心裡默默默地祝願她：願她在以後的日子裡少受一點苦，能早日找到對她好的心，不要讓她再次受到傷害。

第四章　人到中年

歲月眞是不饒人呀！幾十年的歲月就這樣過去了，經過了近半生的磨練，這個年齡的人最不希望生活發生變動，然而，人生總是有高低起伏……

第一節　而立之年的女人和男人

孔子說「三十而立」，孔子對人生的階段性分析即使到現在還是很好的借鑒。三十歲正是事業輝煌的時候，生活穩定，有了家庭，有了孩子，這個時候，你不免會思考生命存在的意義：一個人爲了什麼而活著呢？這是每一個人都會問，也是每一個人需要深思的問題。

每個人的生存方式雖然千差萬別，卻都有其生活信念，而信念大體在三十歲左右自然形成，只不過大部分人沒有意識到而已。信念就是「一旦割捨會讓人感到生存再無意義」的東西。

處在而立之年的大部分職業女性表面上平靜，內在卻充滿了苦悶和困惑，這是來自事業與夢想的衝突。眼睜睜的看著同期的男同事們事業有成，步步高升，大有而立之年宏圖大展的趨勢。相比之下，女性們努力工作，積極上進，可很難看到超越平淡的希望和光明所在，這使那些要強的現代女性有了一種緊迫感，同時也萌生不平和困惑。

女性如果想在事業上成功，要比男人付出多上好幾倍的代價，即使和男性做同樣的工作，得到的肯定總比男性少。仔細觀察分析便會發現，很多時候，不是女不如男，實在是人們心理上依舊是重男輕女。

女性一直都扮演著雙重角色，工作上絕不敢放鬆，即便默默無聞也勤奮積極地努力著；回到家裡，也不敢懈怠，大多數女性既要照顧和教育孩子，又要做家務，這份單調重複的每日「功課」，對女性來講，似乎是天經地義，而稍稍鬆懈的女性，不用男性來說，她們自己便覺得內疚。女人誠惶誠恐地不敢愧對工作、愧對家庭、愧對孩子，還要全力幫助她的丈夫去征服世界。

況且，而立之年的女性往往經歷了懷孕、分娩、帶孩子這三大階段，身體的各部分零件開始出現這樣那樣的毛病，再加上勞累了一天之後，便疲乏得把曾經的躊躇滿志都放在一邊了。

現代女性承受著來自各方面的壓力，可是和她們的母親比起來，她們擁有的實在是太多了：在社會上有一席地位，在一個溫馨的家哺育著她們的孩子。世界上沒有一個母親會抱怨自己的孩子拖累自己的事業，也沒有一位母親捨得荒廢孩子的教育。現代女性苦中作樂，對於自己的付出，她們無怨無悔。

也許，她們會認為這一輩子就是這個樣了。但實際上，她們在心底總不甘心，總還希望突破局面。女性在平凡的工作中耐心地、頑強地、堅韌地努力著，等待著時機，把握成功的機會，去創造生命的輝煌。

女人是才思敏捷、知識豐富、頭腦靈活、創造力強、容易接受新事物的人，她們的能力絕不比男性差，看的書也絕不比男人少，她們只是因客觀的現狀、角色的負擔，使得自己發揮不出全部才能。她們要對世界說：

「給我們一份信任和理解，我們會在這個時代裡成為一個個平凡而又偉大的女性。」

進入而立之年的男人，也許可愛，也許只是個傻蛋，因為這段時間是另一種隱性的少年叛逆期，社會、事業、婚姻與兒女，各種人世間的責任壓得人透不過氣來。就算自己可能暫時地逃避，無形的壓力還是不會放過徬徨的使命感。做女人的，如果要伸出援手，也要忍著點，讓他們自己羽化。要不，他不是恨妳的干預，就是變得無賴。給彼此更多的空間，有距離地欣賞雙方的成長，才能慢慢品味共同的人生。

對於「三十而立」，一個外國人是這麼翻譯的：「三十歲，把腳牢牢地站立在地面上。」多麼幽默，多麼直白，多麼的直指人心。究竟怎樣才算是把腳牢牢立在地上了呢？有妻，有子，有房，有車，還是依舊有理想。簡單的一個問題，也許令你大驚失色，因爲你現在什麼也沒有。但是你會記得，當你還是一個高中生的時候，夜半時分，大家在宿舍裡聊得火熱，那時的我們也許被那麼熾熱遠大的理想灼燒得徹夜不眠。我們約定，要是三十歲的時候碰面，希望我能平靜的，用世上最溫和、最坦率的口氣告訴你：「是的，我現在還沒有錢，沒有老婆，沒有孩子，甚至沒有一個可以預見的穩定生活狀態，但是有一點沒有變，我還是擁有我的青春，我先前一樣的勇氣和信心，我的夢想；我和以前一樣，還擁有這火熱的理想，高加索山上的雪水也無法將之冷卻。」現在想起來，這已經好像是幾個世紀之前的事情。我們對理想的堅守，正在一步步的渙散，也許不知道哪一天，它就要徹底的被我們所拋棄，或者說，它拋棄了我們。

這時候你無法不想到「堅持」，你無法不相信這個世上唯一可靠的眞理就是「堅持」。你甚至覺得「堅持」就是這個世界上眞正的救世主，眞正的奇蹟，是一個男人所擁有的一切。

除卻了肉體的原因，在最深處，每個人何嘗不是爲一個信念而生存。而信念是沒有錯的，錯的是我們沒有把這個信念一直的貫徹下去。

三十歲了，也許你會記起過去的青春，記起了青春時候你曾經說過的話，記起了已經模糊的理想。值得慶幸的，就是你也同時發現了心靈孕育出的意志力，才是一個男人的全部家當。只有這理性之外的東西，這和心肝腸肺直接相關的感性，才可以實現一個男人的夢想，讓我們永遠年輕。這個時候，我們悲哀又欣喜的發現，原來除了堅持，我們別無所有。

三十歲了，這是我們人生最美好的時刻。我們不後悔曾經走過的路，也在為著以後的日子打算。我們正處在少年與老年人之間，這個時候的我們既不會像少年時那麼的幼稚，也沒有老年人的感歎。我們有的是成熟，和對生活的感悟。三十歲，人生的美好時段。

第二節　當你不再年輕

青春一去不復返，當你失去了青春，既不能像年輕人那樣瀟灑自在，也不能像老年人那樣寧靜淡泊；當你面對外界的誘惑、刺激、挑戰，既不能像年輕人那樣易於接受，勇於參與，也無法像老年人那樣難爲所動；當你一方面渴望成功，憋足氣力，隨時準備向人生與事業的高峰衝刺，另一方面又感到生活太累了，想停下來歇一口氣，卻絲毫不敢放慢腳步；當你自以爲對人生已經徹悟、超脫，心底卻有許多抑制不住的欲望、企求、抱負、打算；而當你付諸行動，又有了那麼多的猶豫、徬徨、觀望、權衡；當你既爲有一個家而欣慰，爲天倫之樂而陶醉，卻又厭倦生活的乏味單調，渴望走出「圍城」；當你失去了年輕人那份閒情逸致，卻又常常情不自禁地羨慕，甚至嫉妒他們進咖啡館、上舞廳、花前月下談情說愛；當你圍繞著孩子、籃子、爐子奔波勞碌，扮演著「模範丈夫」或「賢妻良母」的角色時，心裡卻對這一切自我解嘲，無可奈何；你感到能夠無話不說的知音越來越少，同輩中人都躲在自己的圍城裡，不禁有一種深深的孤獨感；你被那麼多的社會關係、家庭關係纏繞著，規定你必須扮演不同的社會與家庭角色，你感到精疲力竭，彷彿是在爲別人、爲家庭而活著……當你處於這種種矛盾心態之中，你已經是一個中年人。

當記憶千百次地重播往事，試圖從腦海裡尋找自己曾經存在過的確鑿證據時，驀然發現，童年的時光竟然那樣短促，自己不曾年輕就變老了！

時間如流水，匆匆一去不復返。時間的流逝讓我們不再像孩子那麼的撒野，也失去學生時代的活力。轉眼之間，我們都已經不再年輕。

當你感到不再年輕的時候，就應該做一些事情：

1. 傾聽大自然的聲音。
2. 每三至五年寫一個小自傳。
3. 親手播種、收割一次。
4. 每天至少閱讀十五分鐘。
5. 觀察衆生百態，品味生之樂趣。
6. 尊重你的對手。
7. 偷得浮生半日閒，放慢生活步調。

8. 從心底寬恕那個曾有負於你的人。

9. 從日常生活的小處著手，做個環保者。

10. 與陌生人交談。

11. 將心中的感激之情表達出來。

12. 做個「白日夢」。

13. 用一生的時間銘記一個教訓或一個有益的忠告。

14. 訂立每週計畫、每年計畫，或更長期的計畫。

15. 給親人或朋友送份體貼的禮物。

16. 購買令人賞心悅目的衣服，注重自我形象。

17. 精心地守護你的尊嚴。

18. 做動物的朋友，眞心地愛護牠們。

19. 信守一個諾言。

20. 接受並珍惜生活賜予你的一切。

21. 自我克制，並向自己所傷害過的人致歉。
22. 試著做一次，把自己的榮譽讓給別人。
23. 給予他人切實的幫助，去做眞正對人有用的事。
24. 看一次日出日落的壯麗景觀。
25. 到月臺上送別。

對於身邊的人事物，我們往往會忽略，就像陽光和空氣，但是時候久了，我們會知道它們的價値，因爲懂得了，才會去珍惜，讓我們珍惜身邊的每一個人，珍惜世間的每一事物。

第三節　我真的很累

沒有了孩子的那種無憂無慮，時間讓我們越來越感覺自己的責任重大，讓我們感覺到疲憊和勞累。

事業、家庭、社會，三座大山壓得中年男人喘不過氣來，生理上力不從心，心理出現偏差，中年男人真累，卻缺乏別人的關懷，甚至萌生「走投無路」的感覺。這就是發生在中年男人身上嚴重的「疲累感」。

男人整天面臨來自事業與家庭的壓力，他們焦頭爛額，手足無措。這時，你是否想過要改變自己的生活？來聽一聽心理學專家的建議吧！

某超市的總經理經常感到胸悶、頭暈、喘不過氣來，到醫院檢查，醫生說是心病，叫「老闆症候群」，是生活、工作壓力過大所致。一份外商的心理調查報告發現，企業管理階層智力程度高，但自我評價偏低，自信心不足。照理說，這些人都是生活中的佼佼者，怎會自信不足？其實很簡單，在外商工作，環境壓力大，要求高，加上給自己設定的升遷目標不斷提高，由此導致自信偏低。

男子漢大丈夫，男人在社會中處於「強者」地位，也承擔了重大的責任和義務，現代社會給男人強加了各種壓力，卻沒有給他們留下任何辯解的餘地。但是事實上，男性對精神壓力的耐受力遠遠低於女性。

巴先生是一家IT公司策劃經理，憑著出色的業績，受到上司的器重和同事的欣賞，但是剛剛步入中年的他最近突然感到非常焦慮不安，工作、業績、同事、家庭、妻子、小孩、父母……太多的事情壓得他喘不過氣。巴先生說，最近很多無謂的擔心動不動就闖進腦子裡，有時候眞想大哭一場，但是身爲家庭的支柱，他不敢那麼做，有時候覺得自己眞的要崩潰了。

多數心理專家指出，男人有特別脆弱的一面，他們每天都忙碌著，肩負家庭和事業，擔子越來越重，包袱越背越大；男人長期處於競爭的氣氛中，心理上極度緊張苦悶，致使情緒跌宕。當不堪忍受這種超負荷的精神壓力時，往往就不能把握而失去控制力。一些男人除了事業，還要應付隨時可能出現的家庭危機，這些問題使很多男士終日鬱鬱寡歡，有時又心情焦躁，如果得不到有效的幫助，身心健康很快就會出現問題。

專家指出，近年來男性心理疾病明顯增多，這些心理問題大多來自壓力，尤其是中年男人的孤獨、沮喪、憂慮等心理問題最爲常見。

由於一直處於競爭狀態的男人，很難找到可以信賴和吐露心事的親密朋友，內心世界的封閉，導致他們沒有辦法透過情感上的交流建立眞正的友誼，友情的缺乏讓他們陷入強烈的孤獨中，也正是由於這種對他人的排斥和孤獨，讓男人的心理出現問題。

男人隨著年齡的增長，慢慢的對事情不易激動，無法適應周圍環境，總會怨天尤人。這種沮喪情緒常會導致生活的不幸，被沮喪情緒困擾的男人很有必要接受心理治療，但是大多數情況下，他們都不願意承認自己有心理上的困擾，這給他們的工作、生活、婚姻造成進一步的破壞。

男人的憂慮主要來自父母、工作、子女、健康等幾個方面。現代社會強調競爭，於是又對男人造成無窮的心理壓力。男性最怕失去身體健康，失去獨立自主的能力，必須依賴別人的照顧。他們對子女的不成材也深感憂慮，望子成龍的心理，男性往往比女性更爲熱切，深恐子女們不能達到他們的期望，形成經常性的精神負擔。

男人消除「太累」的方法至少有以下三個途徑。

1. 調整目標或期望值

平時應進行一些戶外活動，下班後泡泡熱水澡，與家人、朋友聊天，雙休日出遊。飲食調理上，蛋白質對振奮精神起重要作用；維生素B群對維持神經、消化、肌肉、循環系統的正常功能有著重要的生理作用；鈣和鎂有利於緩解精神緊張。這類食物主要有瘦豬肉、動物內臟、魚類、雞蛋、牛奶、豆類及其製品、海藻、雜糧，蔬菜中的番茄、胡蘿蔔、菠菜、花椰菜，水果等。

「太累」的原因，一方面是工作量大，另一方面也是自己的問題，說明你的態度和方法不正確。如大部分人認爲只有拼命的幹活，才能得到上司的信任和加薪、晉升；還有的對自己的工作缺乏自信，總認爲自己會被炒魷魚，或是被同事超越等等。在工作和生活上，應有明確界限，下班後就應充分休息，而不應還惦記著工作，多參加體力活動，以做到勞逸結合、腦力勞動和體力勞動平衡。

如果你感到力不從心，就要重新進行角色定位，重新估量自己的能力和自己的價值目標。工作狂應經常問問自己，「工作爲了生活呢？還是生活爲了工作？」「是健康和生命重要呢？還是事業重要？」「以健康和生命爲成本換取事業的發達，值不值得？」讓自己意識到問題的嚴重性，回到正常的生活軌道上。

2. 養成樂觀大度的良好性格

複雜的人際關係也可以導致「太累」，所以要積極調整與每一個人的關係，包括同事、朋友、家人。保持心理的平衡與寧靜，要養成開朗、樂觀、大度等良好的性格，爲人處事應該穩健，要有寬容、接納、超脫的心胸。

處在工作壓力大的狀態下，一方面要積極學習放鬆，另一方面也應積極增強自己的心理品質。如，完善自己的人生態度，控制自己的情緒波動，以積極的心態迎接工作和挑戰；看待晉升加薪應有得之不喜、失之不憂的態度等等，透過這些改變提升自己的抗壓能力。生活中，應有意識地培養自己多方面興趣，如爬山、打球、看電影、下棋、游泳等等。興趣多樣，一方面可及時放鬆自己，另一方面可有效地轉移注意力，使個人的心態由工作中及時地轉移到其他事物上，消除工作的緊張和疲勞。

3. 尋求心理治療

如果有心理上的困擾，可向家人、知己訴說，必要時應該尋求心理醫生的治療。參加有關心理學的培訓和學習，美國和加拿大等國的許多大企業就要求員工參加壓力管理和減壓等心理訓練課程，這樣有利於員工及時消除心理問題，不至於「太累」。

太累了，要從自身尋找原因，適當的改善。生活無須太累，把你自己要做的事情當成生活的一部分，用心去體驗生活，你也可以離苦得樂。

第四節　工作，只爲了這個家

一個人沒有結婚之前，工作只是爲了增長見識，學習實務，適應這個社會。結婚以後，工作就是爲了養家。一家幾口人，沒有了工作，經濟來源困難，活命都成問題。人要活著，就要工作。工作是一口鍋，人在這個鍋裡，有熬化了的，有熬熟了的，還有熬焦了的。工作給我們帶來了豐富而複雜的感受，使我們逐漸成熟起來。

有一次和朋友們聊天，突然，一位朋友提出一個問題：「你們說什麼是工作？工作又是幹什麼的呢？」而對這樣的問題，也許我們從來都沒有認眞的思考過。

可是，討論歸討論，結果依然莫衷一是，一陣唇槍舌劍之後，大家都帶著自己爭論得火熱的嘴和刀槍不入的觀點回家一睡了之！而後，第二天，第三天……以至第N天，這個偶然被照亮的問題又重新沉入意識的黑暗之處，大家也依然在茫然中去上班、下班，到了固定的日子就領回自己的薪水，高興一番或者抱怨一番之後，仍然在茫然中去上班、下班……

日子就這樣一天天過去了！「什麼是工作？工作是爲什麼？」對於工作的探索依然

淹沒在黑暗中。當我們被無意識所支配的時候，我們對工作的熱情、智慧、信仰、創造力很難激發出來。我們只不過是在「過日子」或者「混日子」罷了！

看來，思索「何爲工作，工作何爲」的問題是必要的。於是我開始留意，發現我們每天就是工作，有的時候，即使我們的工作不合格，總認爲只要準時的上班，按點工作，不遲到，不早退就是盡責，就可以心安理得地去領薪水。我們從來沒有想過自己每天的工作都是死氣沈沈。對那些每天忙上班的人來說，工作可能只爲了維持家庭生活。

讓我們來聽一位女清潔工的親身體驗：

「我原是某商場的一名財務管理人員，幾年前被裁員了。失業後的我整天躲在家裡，頭不梳、臉不洗，深陷在痛苦中。爲了維持家庭生活，我先後數十次應徵，做過家政服務員、臨時工、售貨員、食堂雜工、廢品回收等等工作。但我從來沒有灰心，我經常到就業中心去看是否有適合自己的工作。一次，辦事處主任對我說，有一份工作很有意義，就是擔任環保工人。我想都沒想就說我願意！」

面對生活、家庭，我們別無選擇，我們要面對生活帶來的一切困難，堅強而快樂的活著。

第五節　破產後的重生

失敗就像一所學校，讓人有機會學得更紮實的工夫。但是，很多人承受不起而落跑，消極一生。綜觀許多創業人士大失敗或小失敗的故事，我們可以發現，若想要有敗部復活的機會，最根本的還是咬緊牙關，不畏懼從零開始。

老鷹的壽命和人類差不多，可以活到六七十歲，但是老鷹的生命歷程並不是一帆風順。三十多歲是老鷹生命的最旺盛時期，但是牠的優勢同時又變成影響牠生存的危機：牠的翅膀很長，展開有近三米；羽毛很豐滿，沉重的羽毛使牠不能扶搖直上，翱翔雲天；喙又硬又重，影響牠捕食；爪又彎又尖，影響牠撕裂食物。這個時候的老鷹，如果再這樣繼續下去，最終會因爲羽毛過於沉重而不能飛翔，因爲鷹爪又彎又尖而無法捕捉食物，因爲喙又硬又重而無法進食。爲了生存，老鷹不得不忍受煉獄般的磨礪。牠必須飛到山的最高峰，給自己壘一個簡陋的窩以避免天敵的襲擊，然後在山頂的岩石上，自己將又硬又重的喙摔碎，忍饑挨餓，等待新的喙長出，再用新的喙將自己又彎又尖的鷹爪拔掉；等新的鷹爪長出，用新長的有力鷹爪將羽毛一根一根拔掉，等待新的、輕盈的羽毛長出。這樣經過煉獄般的一百五十天以後，老鷹長出新的喙、新的爪、新的羽毛，顯得更加年輕、敏捷、有力、兇猛，獲得重生。

許多人可能沒想到，失敗經驗也可能成爲個人重要資產。失敗是常態，是一個過程！失敗過的人，都強調從失敗中可以學習，不過有些人能夠再創高峰，有些人卻一敗難起。

失敗是殘酷的，但從許多人身上我們也看到，失敗和成功往往互爲因果，如果我們相信，當失敗來臨，成功就在眼前，那麼面臨失敗時，會有更多勇氣和毅力繼續奮戰下去！

該如何從失敗中學習，再創高峰呢？曾經失敗的創業者及專家學者，歸結出以下法則：

1. 設定底限，打一場輸得起的仗。既然經營事業難以避免失敗，一定要打輸得起的仗，不管公司規模大小，必須在輸得起的範圍內往前衝，如此一來，即使失敗，還能站起來。尤其當失敗超乎預期，也要在第一時間內面對和解決。

2. 維持良好的人際關係和信譽，是反敗爲勝的重要支撐力。企業經營失敗，投資者也蒙受損失，此時，最重要的是如何處理失敗，不搞壞人際關係，留待日後東山再起的人脈本錢。

3. 把失敗經驗當作成功的踏腳石。曾國藩曾經三度自殺，但仍無損其功名。一八五四年二月（咸豐四年），他四十四歲時受命討伐太平天國的亂軍。結果三個月後，就戰敗於靖港，他羞憤的投水自殺，被部屬救起。第二年，他又戰敗了。他的湘軍水營被敵軍攻下，一百多艘船被燒毀，連他的座船都被俘。他氣憤得想要策馬赴敵以死，但被旁人攔下。屢次尋死不成的曾國藩，最後竟然在屢敗中悟出勝利之道，打敗人數十幾倍大於湘軍的太平軍，留名青史。曾國藩說：「吾生平長進，全在受挫受辱之時。」

有人把經營不善的國營企業比喻爲東縛待僵的蠶繭。然而，一旦它破繭而出，就會煥發出絢麗的光彩。這個奇蹟在大陸的冷水江鋼鐵總廠發生了！

冷鋼廠原本是一家瀕臨倒閉的國有企業。可是短短幾年時間，在國家沒有投入一分錢、銀行沒有貸款一分錢、企業沒有一分錢的情況下，冷鋼廠不但沒有倒閉，反而破繭重生，東山再起。它年產鋼上百萬噸，年繳稅金逾億元，在大陸一千多家大企業中排名居中。

幾年前的冷鋼，許多人認爲它只有等死了。因爲它當年虧損連連，工人薪水幾個月沒有發了。當時的企業一片悲涼景象，有技術的跑到沿海打工，沒技術的就在廠區到處設點擺攤，職工人心浮動。

冬天的風很冷。冷鋼廠的廠長陳長富從長沙出發，坐了六個小時汽車，晚上兩點多才到。他連夜去工地轉了一圈。料場已經沒有原料，倉庫裡沒有產品，陳長富一陣心酸。眞的就這樣破產了？全廠幾千名員工，加上家屬共幾萬人，破產後他們的日子怎麼過？看見工廠裡兩個還在半明半暗燃燒的高爐，他的心裡燃起了一線生機：只要爐子燒著，企業就還有希望。

陳長富滿懷希望，與黨委書記曾清海等班子成員座談，走訪幹部職工，聽取意見和建議，決定暫緩破產，得到了省裡的認同。於是，一場改革在冷鋼轟轟烈烈地展開了。

改革首先從機關「開刀」，徹底改變過去人浮於事的局面。機關科室精簡了三十多個，機關幹部從三百九十多人陸續精簡到四十三人。幹部沒完成任務指標的，到廠房當工人。過去都拿同樣薪水的分配也打破了，收入差距拉開，少的每月只六百多元，多的可拿到三千多元。這是一次機制的變更，更是一次觀念的變革。煉鋼廠一位負責人被免職變成普通職工，難以接受，質問陳長富：「我又沒犯錯誤，憑什麼免我的職？」陳長富堅定地回答他：「平庸，企業就不會創新進步，就會垮掉。平庸也是錯！」這位負責人再也無話可說，只得去當工人。

改革之路並不平坦，他們頂住了來自各方的壓力，越過了一個又一個難關。冷鋼地理位置較偏，規模太小，誰會來投資呢？

如今的冷鋼廠出現了很大的變化。它的產量一再提升，效益由虧損走向盈利，而變化最大的，是企業從成分上發生了改變，實現投資主體多元化。這是一種更深層次的變化。冷鋼從前是純國有企業，現在，它的資產組成一分爲三。一塊是國有的，一塊是員工的，一塊是外來大股東的。

破產意味著一個全新的開始，同時也意味著全新的挑戰。破產後的重生，意味重獲自由，經歷了困苦、艱難和磨練之後，終於迎來重生之路。

第六節　中年沒有青春

日月如梭，光陰如流，不知不覺間，也許你已經不經意的邁進了三十歲的門檻。對學習、對生活和工作，已經沒有了年輕時的激情，對新事物也沒有積極進取的銳氣。過了三十歲，就意味著與青年時代告別，要被歸入中年人的行列，負起作爲一個中年人應該承擔的責任。看著兒女們乖巧可愛的模樣，看著他們一天天地成長，不得不感歎歲月無情的變遷。

曾幾何時，自己那麼的陽光燦爛、青春逼人，每天過著無憂無慮的生活。可是現在，每天不但要忙於繁重的工作，還要擔起養家糊口的重擔。生活開始圍繞著家庭轉。而事業的成敗、職務的升降、人事的變動、家境的優劣、生老病死、婚喪嫁娶等等，太多太多的事情都不得不去面對。偶爾閒暇的時候走在街上，看著那一個個充滿青春氣息的年輕人，看著他們那麼無憂無慮的神情，不得不承認，青春離自己越來越遠了。也不得不承認，在生活的重壓下，中年的我們已經沒有了青春。青春，只屬於青年時代。

中年了，家庭是生活的重心。爲人父母的我們，要爲了生活而奔波，不管自己多苦多累，只希望讓兒女們過得舒服些，讓他們少些奮鬥艱辛。生活的重心圍繞著兒女轉，至於自己早已被放在最後。

朋友給我講過她的故事，很能說明中年人的生活狀態。

朋友和老公相戀的時候，最喜歡吃冰淇淋，即使是在很冷的冬天，只要她想吃，男朋友也會買給她。還記得那是一個很冷的晚上，兩個人一塊看電影回來已經很晚了，街上的很多小店也已經關門了，她卻突然很想吃冰淇淋。於是，他拉著她的手，一家小店一家小店地去問有沒有冰淇淋，走了十多家之後，朋友終於吃到了冰淇淋。

大學畢業後，他們結了婚，開始了爲生活而奔波的日子。因爲他們的老家都不在這個城市，所以要努力的掙錢賣房子。好不容易買到房子後，女兒出生了，又開始爲女兒忙碌的日子。有一天，朋友和丈夫逛街的時候，看到一家冰淇淋店，忽然間，一種久違的情緒湧上心頭，她想起了以前吃冰淇淋的快樂日子，於是對丈夫說，我想吃冰淇淋，你買一個給我。丈夫卻說，都這麼大的人了，還吃什麼呀。可朋友不依，就要吃。丈夫沒辦法，問賣冰淇淋的，一份要多少錢。賣冰淇淋的說，一份要五十塊，朋友一聽，趕緊說不買了，因爲她心裡在想，五十塊錢都能買一個便當了。賣冰淇淋的聽朋友不買，笑著說，來買冰淇淋的都是一些年輕人，像你們這樣的中年人吃冰淇淋的很少了。朋友連忙附合著說是啊是啊，趕緊拉著丈夫逃也似的離開了。朋友說，她聽得出來，那個賣冰淇淋的意思是，他們已經不是年輕人了，不必來趕這種時尚。

講完這些，朋友說，時間過得很快，轉眼之間，那些青春的日子已經成爲記憶，青春的時光一去不復返，每天爲生活忙碌奔波的我們，已經沒有了青春。

人到中年，按照常理說應該是個很平和的年齡。可是很多中年婦女，心裡卻並不平和。雍容華貴的外表，掩飾不住內心的複雜糾葛，一些中年婦女出現精神官能症等精神上的疾病。怕丈夫偷情，怕丈夫離婚，怕自己失業……在怕這怕那的心理下，一些中年婦女內心很不平。

有一個中年婦女，丈夫事業小有成就，算得上成功的男人。丈夫每次回家，這女人總要檢查丈夫的衣服，看看丈夫身上、衣服上是不是有其他女人留下的東西，甚至連丈夫身上長一點的頭髮，也要問個清楚明白。女人沒有找到長髮證據，丈夫開玩笑說：「可以放心了吧！」可是女人卻說：「長頭髮是沒有了，但是，誰能保證你沒有跟短頭髮的女人在一塊呢？」

人到中年，青春不再，人生開始向下滑，沒有年輕時的激情了。很多女人有著從山坡上摔下來的感覺。無助和無奈的現實交織在一起，往往給中年女人造成很大的心理壓力。面對丈夫的成功，很多中年女人卻自豪不起來，她們更多的是害怕丈夫的背叛，害怕失去丈夫，所以總希望把自己的丈夫拴在腰帶上。可是，越是如此，越是抓不住自己的丈夫。薇薇夫人說：「中年婦女的心情非常複雜，青春的消失是沉重的打擊，不再被子女需要也是一種打擊，打不進飛黃騰達的丈夫生活圈子，更是一大打擊，擔心青春年華的女性搶走丈夫的感情，又是打擊。生活沒有重心，生理上的變化，都是打擊，這些打擊簡直能讓人被逼瘋。」

婚姻旅途漫長，新婚夫妻一般差距不是太大，但是隨著個自的發展，丈夫和妻子個人能力、情趣以及魅力等方面的差異就越來越大。一般來說，女人在三十至四十歲左右是人生的魅力年齡，而男人的魅力時間要比女人持久一些。有的中年夫婦在一塊，看起來就像大姐姐和小弟弟一樣，甚至看起來像母子。

現代中年男人的成熟穩重、事業心、責任感……每一樣對年輕女性都極具吸引力。很多家庭婦女人到中年，感到危機四伏。她們害怕失業、生病、被丈夫拋棄。高雄一位中年婦女，看到鄰居的兩個大奶子很吸引自己丈夫，於是一氣之下，一剪下去，把女鄰居的一個奶子剪去三分之一。

隨著丈夫事業有成，中年婦女的耳邊總有人提醒：「要看管好自己的丈夫。」讓她們更感到危機四伏。如今社會，婚姻競爭也成了社會問題，感情這個東西成了最靠不住的東西。強求丈夫一生只愛自己一個，不僅不實際，而且也不可能。只有不斷地適應社會的變化，才能駕馭自己的人生。妻子光靠一雙警惕的眼睛維繫家庭是不行的，身爲女人應該不斷學習，不斷地完善自己，才有條件栓牢丈夫，可是有些中年婦女自以爲是家庭功臣而有恃無恐，平時不注意打扮，而且言語行爲粗俗得讓人受不了。

中年女人在完善自我的同時，心理也要調整到最佳狀態。人到中年，不要過分干預丈夫的社交和事業。在情感方面，越是怕被丈夫拋棄，越容易產生糾纏情緒。如此下去，越是糾纏，夫妻感情越是疏遠。所以中年女人與其拖住男人不放，不如尊重丈夫感情，用柔情、用體貼、用情理打動丈夫的心，同時不斷增加個人魅力，增添生活情趣。

有人問一位女藝術家：「身爲過來人，你認爲中年女人應該具備什麼？」她回答說：「要有平常心，用平常心看待一切。」女人一到中年，因爲家庭拖累，很多就成了

「無自由，無青春，無資歷」的三無產品。青春已逝，家庭拖累，女人從職場金字塔的頂峰走下坡路，一切都在提醒中年婦女自己已經不是爭強好勝的年齡。美國歌星塔克說：「女人從出生到十八歲，需要好的父母；從十八歲到三十五歲，需要好的外表；從三十五歲開始，需要好的個性；從五十五歲開始，需要好多的現金。」

常言說，年齡不饒人。因爲自然和社會規律的制約，中年女人必須有所捨棄。可是很多名女人在自己還有賣點的時候，事業的輝煌讓她們不能平和，最終沒有好好地把握好自己，到老寂寞孤獨晚年生活簡直就是走進了地獄。

人到中年，如果沒有平和心，很可能迷失人生的方向。女人一旦到了「美人遲暮」的年齡，如果再爭強好勝，任性或耍嬌，不僅會讓人看不起，而且可能導致悲劇發生。

是啊，中年的我們已經沒有了青春和年輕的心，不會再去追逐流行，只希望過平淡而安穩的生活，對家，對社會盡到自己的責任。

第五章　無奈的離開

有時，離開是出於無奈。每個人都有自己的生活方式，都有自己的理想，如果周圍的環境不適合自己，誰都希望朝更理想的方向發展。這時，離開並不必然是錯的。

第一節　感謝親友對我眞的很好

我是農家子弟，出身在一個平凡而又特殊的家庭。之所以平凡，是因爲普通家庭所經歷的常事都經歷過；之所以特殊，是因爲普通家庭所沒有經歷過的各種艱辛、異常事件、精神壓力等等似乎都在我的家庭發生過，我就是在這種既平凡又特殊的家庭中長大成人的。父母那種堅毅不拔、坦然面對人生的態度，豁達開朗的爲人處世，從我的啓蒙教育開始就深深的根植於我的世界觀。

感謝父母，給了我們再也不會有的唯一生命，給了我們生存的正確思維方式和生活技巧，也感謝他們的諄諄教誨，父母爲我付出的畢生精力，這一生我都無法償還。讀了十幾年的書，如今我是一名物理老師。我的妻子也是教師，是我的大學同學，在我們小鎭上教初中外語。我身高不到一米七，可妻子與我一樣高，讓我周圍的人無不羡慕。結婚兩年後，我們有了自己的愛情結晶——我的兒子出生了。兒子的出生給我們帶來了無比的快樂。我和妻子的薪水，除了生活必須品以外，都花在兒子身上。我們雙方的父母都很少花我們的錢，還會輪流看顧我們的兒子。父母這麼老了，操完了我這一代人的心，還要為我的下一代再操心。可見父母慈心比天高，比海深。每次一想到我是家裡的樑柱，要讓父母、妻子、兒子過幸福的生活才是，可是就憑我現在的收入，什麼時候能買一個屬於自己的房子？每次薪水發下來就花完了，有時還不夠。我的妻子從沒有感到苦，還不時的告訴我說，平平淡淡才是眞。在學校，我的外號就是「拼命三郎」，曾多次受到我們校長的表揚，因為每次考試，我所教的班都拿第一，突出的教學表現，讓好多同事羨慕。

可是我有一個不安分的靈魂，試圖在短時間內尋覓到我所希冀的生活，曾多次想要考研究所，可是我沒有時間去學習，整天忙於教課，就把我的時間給占滿了……

每到深秋，蕭風殘柳秋瑟瑟。落寞的我孤立於書桌前，看著窗外滿地的殘枝敗葉，思緒被牽至那場秋雨中……

秋風撩亂了我的頭髮，不想這頗為淒涼的秋雨驚醒了一顆沉睡的心。親人、好友那殷切的期望，讓我不禁打了個寒顫：我的成績呢？依舊空白，依舊縹緲。眼前不時浮現父母臉朝黃土背朝天的在地田幹活的情景，我什麼時候有能力讓他們享享福，這是我這做兒子最大的心願。

我對不起父母，對不起妻子和孩子。都說男兒有淚不輕彈，我只能在黑夜裡用淚水洗卻「哀怨」，用眼淚喚醒麻木的心，支撐起理想。

秋風依舊不著邊際地吹著，秋雨依舊惹人憐愛地下著。在這風雨交加的夜晚，思緒就這麼惆悵著。

一輪嶄新的明月輕舞漫步於窗前，將屋外的景色喬裝打扮得美麗無瑕。頓時，我的心境明朗了，思想活躍了，意念萌動了。我徹頭徹尾地明白了：我絕對不作風雨中的傀儡！此刻的我，將憑著昔日的執著，踏著堅定的步伐，走完人生的未知行程，追求確定的目標，找不到理想的彼岸，絕不回頭！一定要做到無怨無悔！

我感謝我的親人、朋友，他們真的對我很好。

第二節　男人的角色與沉重負擔

人們對「好男人」的評判有些不成文的觀念：有一定的經濟能力，能獨立組織和安排好自己以及全家的生活；情緒穩定，能根據自己所處的客觀環境來調節自己的情緒和情感；有很好的邏輯思維和理智判斷能力；在人際交往方面，能根據社會規範把握和調整自己的行爲；有堅韌的意志力，一經確定目標，可堅定不移地爲達到目標而奮鬥。

這些給好男人的定義，規範了好男人的行爲與責任，卻也是一副沉重的擔子，壓得男人喘不過氣來。

在心理學上，成功者與失敗者沒有什麼兩樣，西方心理學把這種現象叫做「胡同效應」。胡同越深，出路越窄，他們有時想改變，卻改變不了這個自我建造的「人生胡同」。西蒙塔爾說：「男人就像走鋼索的演員，希望自己能停下來，卻永遠停不下來。」停下，就意味著失去平衡；停下，就意味著從鋼索上摔下來。男人常常不屬於自己，他屬於身外的世界。

男人的角色就是自我壓抑的角色，也是一種病態的角色。男人一生都在扮演男子漢，這種男子漢的角色幾乎成了女人的偶像。男人常常成爲一具僵屍，一個夢遊者。在文明社會裡，處處有這種「成功的僵屍」——富有的商人、高薪的運動員、叱吒風雲的賽車手，還有那些形形色色的花花公子，他們擁有了地位、金錢、房子，以及漂亮的女人。他們眞眞實實地按照男人的模式，認眞地扮演自己的角色。這就是西歌爾說的，「男士的僵屍現象」。

然而，成功常常有它的反面——男子漢拋棄了自己的眞實感情，毀滅了他們的榮辱心，放縱了身體，委屈了精神，留給自己的常常是懺悔和遺憾。男人自認爲是生命的源泉，是繁衍的根本。是經濟生活的主宰，是無事不能的強者，他們的一舉一動都要合乎男人的模式，這種現象就叫「男人的自我壓抑感」。當他們「夢醒」之後，終於發現了一個小學生都懂的道理——他們什麼都是，也什麼都不是。他們是生活過客，是自己的影子，是方舟不能到達的彼岸，是山那邊的太陽。就像物理學的流體和自由落體運動一樣，旋轉的速度越大，下落的速度越大。這常常是成功者的悲哀。

男人這種壓抑來源自「強權自我」的意識。男人一方面總是互相審視，就像兩頭狹路相逢的雄獅，都要擺出雄性的威嚴。男人又常常成爲女人品頭論足的對象，成爲女人們理想的「白馬王子」。男人寧可戰死沙場，也不願做懦夫。他們寧可奮戰不懈，也不願意去尋找一片綠洲，讓疲憊的靈魂喘息。

男子漢的悲哀，有很典型的例子。

二十年前，一個成功的美國商人說：「我有阿拉斯加一半的財產，但沒有一半的心靈屬於我自己。」五年前，一個美國工人說：「我擁有廣闊的生活空間，但我沒有一間寧靜的臥室。」十年前，一個美國的學者說：「我有價值連城的著作，我有鋪天蓋地的榮譽，我有用不完的白花花銀兩，然而，當我接近墳墓的時候，我感到我什麼都沒有。」這正像《紅樓夢》的結尾裡面所說的，生活留給人們的是「一片白茫茫的大雪，眞乾淨」。

男人的出路是剝去自己的僞裝，找回眞實的自己，找回屬於自己的那一片綠洲，找回屬於自己的那一片天地，找回自己那一份眞情，找回天上的白雲，回到藍天裡去，回到草原裡去，回到自然裡去。

請記住：大雨沖刷的是自己的身外之物，大雨所留下的才是眞實的自我。

「我覺得我已經無法承受那份壓力了，原以爲家是這個世界上最安全的地方，但是我萬萬沒有想到，家的安全對於我而言竟成了一個可望而不可及的夢……」「我無法從深夜突然醒來的那份恐懼中掙脫出來，美麗的夜色在我無邊無際的痛楚中變得那麼漫長……」這些淒美傷感的句子出自堂堂七尺男兒之手。

男人在高速發展的經濟社會中扮演著越來越重要的角色，他們也鮮明地代表了一種社會角色，在他們的生活中充滿了競爭與快節奏，因此他們所承受的心理壓力也絕非一般。

特別是當男人有孩子以後，明顯感覺自己的擔子更重了，每個月不僅要交房款，正處於成長關鍵期的孩子開銷特別大，父母年邁，身體如果不好，又令人擔心。爲了掙錢就要維護多方面的關係，誰也得罪不起。今天掙點錢，很快就會花掉，明天能不能掙，能掙多少還都是未知數。自己做風險很大，說不定哪天賠一筆，就很難爬起來；如果從事的工作薪水收入不高，談不上事業和發展，又沒有任何安全感。如今的男人越來越覺得自己活得太累，整天都面臨來自事業與家庭的壓力，在焦頭爛額之餘顯得很無奈。

再說到家庭，老夫老妻時間長了，生活越來越平淡，在外面忙了一天，回到家裡根本不想動，甚至不想多說話。和老婆的交流越來越少，彼此好像都缺乏激情，明知道這樣不好，可就是提不起精神。按道理講，這個年齡應該是最旺盛的時候，但自我感覺好像從生理到心理都急速走向衰老。男人對衰老不敏感也不願承認，很多時候力不從心，精力體力明顯下降，做事學習都很難集中精力，記憶力衰退，晚上也總睡不好，但這些話很難當著老婆的面講，大家都不容易，說多了，老婆覺得你沒出息。

其實人活著，最重要的就是安全感。家庭是我們最值得珍惜的歸屬，我們拼命掙錢最終都是爲了這個家好。

第三節　工作不是生命的全部

常言道，「人往高處走，水往低處流」。嚮往人生的「高處」乃人之常情，本也無可厚非。人心總是追求完美的生活，而勇於嘗試就必有所獲，即使新工作並非如想像般好，也無須灰心，因為至少你又多獲得了一份寶貴的經驗，人生更豐富了。

在這個日新月異、不斷變化發展的社會裡，人們往往都嚮往發展、追求高檔，「往高處走」是不可避免的！

整個世界就是在不斷競爭、比較、攀爬中向前發展的。當競爭和攀比大行其道，大家似乎只有不斷競爭、攀比才會進步，才不至於被淘汰、遭遺棄。每個人都在設計著自己的人生之路，都希望自己的前途是美好的。

對很多人來說，努力工作可能就是美好前途的保證，他們的大部分時間和精力都放在工作上。我們的生活是圍繞著工作轉的，工作優先於其他東西，比如家庭、休閒。而男人強調養家糊口，工作占的比重更大。

社會上的大部分人承受了太多壓力，有些人已經達到了極限。想想為什麼有那麼多社會問題，那麼多人有心理病、都市病？那麼多人常常感覺情緒抑鬱，內心煩躁不安？

我們把那些傾向過度工作的人稱爲「工作狂」，實際上是將工作狂的行爲個人化了，而沒有深入考慮是什麼社會因素令這些人出現過度工作的傾向。如果不是外在組織不斷地要求提高效率，不是企業的獎賞制度令你長期加班，如果沒有組織、社會方面的客觀推動，我不認爲人天生就是工作狂，願意日以繼夜地辛苦工作，過度使用自己。這是社會結構、制度和個人主觀因素互動，最後形成的結果。其實就是外在要求的力量太大了，人已經沒有辦法聽從內心的需求，有點身不由己了。

不是說這樣的制度不好，而是說如果一旦過度，對員工的家庭生活和個人成長都會帶來問題。當社會上普遍存在這些問題，很多家庭出現矛盾的時候，這就不是個人問題，而是社會問題了。

我們應該告訴自己，工作不是生命的全部，失去工作不代表失去生命，擁有工作也不代表你的生命富足。過度工作是一種極度不健康的社會狀態。

第四節　只有合適的才是最好的

有一則《井蛙歸井》的寓言故事是這樣講的：

井裡的青蛙嚮往大海，請求大鱉帶牠去看海。大鱉欣然同意。一鱉一蛙離開了井，慢慢前行，來到海邊。青蛙見到一望無際的大海，驚歎不已，牠「呱呱」大叫，急不可待地撲進大海的懷抱，卻被一個浪頭打回海灘，猝不及防猝了幾口水，還被摔得暈頭轉向。大鱉見狀，就叫青蛙趴在自己的背上，背著牠遊海。一蛙一鱉漂浮在海面上，樂趣無窮，青蛙也逐漸適應了海水，能自己游一會兒了。就這樣，牠倆玩得很開心。過了一陣子，青蛙有些渴了，但喝不了又苦又鹹的海水；牠也有些餓了，卻怎麼也找不到一隻可以吃的蟲子。青蛙想了想，對大鱉說：「大海的確很好，但以我的身體條件，不能適應海裡的生活。看來，我還是要回到我的井裡去，那裡才是我的樂土。」大鱉點頭道：「我可以理解。我在井中體會不到你的快樂，你在海上享受不了我的歡樂。我們還是各自生活在自己的樂園吧！」於是，青蛙向大鱉告別，回到了自己的井中，過著平安快樂的生活。

求職者找工作也是一樣的，如果你適合生存在井中，那麼你在大海中是難以存活下去的。海上自有海上的歡樂，井中亦有井中的快樂，尋找一個眞正適合自己棲息的地方才是最重要的。

無論是「井中」，還是「大海」，最重要的就是適合自己。小李和小張的擇業經歷，也許更能讓我們明白自己應該選擇大公司還是小公司。

小張和小李都是學理科的，在大學是睡上下鋪的好友，畢業後就職，他們的單位又是毗鄰而居。小張的工作單位是一家大公司，他認爲，個人要想發展，就應當進大公司去尋求廣闊的發展空間，因爲大公司名氣大，牌子硬，有制度，發展的機會很多，況且，同學都把進大公司當成目標，所以他立志要到大公司去實現自己的夢想，他也如願以償進了一家大公司。而小李則是定位在適合自己專長的一個十幾人的小公司。小李認爲，人在哪裡工作不是很重要，重要的是要能施展自己的才能，實現自己的價值。他還認爲，小公司裡人少，個人發展機會反而可能更多，所以他找了一家小公司。

後來，由於小張所在的公司人才濟濟，他只能做一些與自己的專業沒有什麼關係的雜活，重要工作都有其他人做，根本輪不到他去實現自己的願望。小張心中非常苦悶，可真要「跳槽」又不甘心，況且，這時已經過了求職的最佳時機，用人單位對剛工作不久的畢業生「跳槽」又有看法，按照有關規定，在試用期間，因個人原因跳槽，要繳納一筆違約金。小張處於進退兩難、勢成騎虎的狀態。而小李的公司則由於人手少，有了活大家一起幹，工作成果見效快，他的才能也很快就顯露出來。不久，小李的公司由於業務開展，成立了公共部和策劃部，由他出任策劃部的經理。

小張和小李經過一段時間的工作後，一個愁眉苦臉，很不開心，一個如魚得水，躊躇滿志。

該進大公司還是小公司，這一直是求職者討論的焦點。究竟選哪個好，其實並沒有定論。小張的教訓與小李的經驗值得借鑒。就好像年輕男女在尋找結婚對象，大家往往抱著要找到最優秀伴侶的目標，但實際生活並不如想像中的幸福美滿。原因很簡單，最好的並不一定是最適合的。我們明白：人和工作是沒有高低貴賤之分的，適合自己的就是最好的。擇業者，絕對不能人云亦云，隨波逐流，沒有主見。人生在世，主見是非常重要的，主見是一個人成熟、智慧、自知的象徵。幹什麼事情都需要自己去抉擇。也許這種事物適合別人，在別人身上非常好，可能在你這裡就不行，會起反面的作用力。不管是做什麼，都應該尋找適合自己的。

俗話說，「鞋子好不好，只有自己的腳知道」。聰明的人買鞋，絕不會挑價錢最貴的，也不會挑最流行的，而是買最合適自己腳、穿著舒服的。

既然選擇了自己喜歡做的，再大的困難也會鼎力克服，用心去做。

第五節　不想再過虛幻的生活

他叫風，已經有很長時間了，就這樣發呆，不用寫字，不去思考，成日渾渾噩噩的掛在網上，像某種冬眠的動物，抬頭望見窗外陽光時常感覺喘不過氣，於是只能拼命的逛論壇，拼命的玩遊戲，試圖掩飾自己內心的蒼白空虛，和那些慌亂莫名的情緒。

他終於發現自己在哪裡都尋求不到安慰，無論網路亦或是現實。或許他眞的只適合活在一個人的世界裡，一個人寂寞，一個人塡補自己的美夢。

天氣微熱的時候，他在一個遊戲裡認識了「藍色生死戀」。那是和他一樣外表剛烈，內心卻軟弱無助的女孩。他們常常在一起單純的爲練級而奔波，時而又會說一些放肆而瘋狂的話。他告訴女孩，自己是一個不用以學業爲重心、以理想爲目標的人，他只是每天坐在電腦面前發呆、上網無所事事，他不需要同情，每次出門卻有一大把的人用憐憫的目光打量他。他厭倦了。

於是她說，她理解他，會把他當作正常人一樣看待。

他微笑著看完她敲在螢幕上的字，他想相信她。

她說她不相信承諾，這一輩子她不會談朋友。他們一起討論怎樣死才不會太痛苦，他說應該像喬峰那樣在斷崖邊悲壯的死去。她看罷大聲讚好，然後他們便開始神經質的大笑，就像兩個瘋子，沒有人聽得懂他們的瘋言瘋語，只有他們自己瞭解，他們因爲寂寞，彼此安慰對方。

只是她仍舊會在笑過之後充滿殘酷的說，生命是父母給的，誰也沒有選擇結束的權利，誰也沒有。

所以他們只能繼續活下去，繼續折磨自己，折磨別人。

究竟有什麼是他們自己的呢？什麼也不是。

她曾經說，如果他一直沒有女朋友，她就作他的女朋友；一直沒有人肯愛他，她就愛他，讓他們這兩個瘋子相愛。

兩個瘋子相愛。風不斷重複著這句話。

但當他後來認眞問她會不會愛他的時候，她卻說不。他問爲什麼，她回答說，因爲這是她的原則，對他亦不例外。

這就是她，在瘋狂過後總是立刻恢復清醒，而他卻剛好相反，瘋狂過後依舊懵懂，懷抱著不可能實現的希望。他平靜的看著她之後的每一句話，看她說抱歉，心並不痛，只是覺得倦累無比。生活就是這樣嗎？和他想像中的……不一樣，爲什麼？是他太愛幻想，忘記了現實嗎？還是，生活原本就該這樣呢？

一切就像夢一樣。

下線的那一刻，他知道和她也許不會再見。

生死戀，請原諒他的任性，他不得不承認，那一刻他是乞求憐憫的，而她卻固守著自己的原則，忽略了他的殘缺，也因此讓他感覺到殘忍。於是他逃了，倉皇而狼狽，因爲無法面對她的殘酷。這是誰的錯呢，他們都沒有錯，誰都無法救贖誰，只能在短暫的安慰之後，各自曲折，各自悲哀。

第六節　自己的未來自己決定

人生總是會遇到困難，有些人懂得去面對並解決自己的問題，而有些人只是選擇逃避。但是在某種意義上，選擇逃避也許比選擇去面對要困難得多，因爲儘管做出一個決定的時候，要顧及的事情和考慮的問題實在太多了，但是逃避恰好使這一切都複雜化……

他們終於進入這個社會，從此結束了被學校老師看管的生涯，結束了做父母乖寶貝的日子，也結束從父母兄長那裡拿錢的幸福時光，這也就是所謂的獨立。他們從家裡搬了出來，提著自己簡單的行囊，找了間不能再廉價的房子租了下來，開始了闖蕩的生活。他們的眼光充滿了好奇，他們的心中充滿著激情，他們的錢包卻空前的瘦小。

在面對第一個老闆第一批同事第一份工作的時候，他們是那樣的慷慨激昂，他們無比自信的幻想很快就可以打造一片屬於自己的天地，他們對未來充滿了希望，並且希望從別人羨慕的目光中找到一點點驕傲的資本。可是漸漸的他們才知道，現實和理想之間原來存在著巨大的差別。他們發現了老闆是多麼的狠心精明，同事是多麼的勢利冷漠，工作是多麼的枯燥勞累，他們也發現了房租、生活費能把人愁死了。總是在數著離發薪的日子還有幾天，商店裡的東西對自己來說遙不可及，他們還發現了只有週末跑到母校遊逛，和以前的朋友狂聊天才能釋放心中的壓抑，只有在街上瞎逛看美女才不無聊。

不知道什麼時候，他們也學會了泡吧，可是追不到女孩子，以前自以為是的那些愛情理論、泡馬子技巧，在物欲橫流時代都是狗屁，都出奇的蒼白無力。於是他們感歎世界變得太快，快得讓他們這些窮小子根本就無所適從。漸漸的，他們也變得深沉起來，不再為一個很幼稚的笑話就哈哈大笑，不再動不動就亂發牢騷，明知別人說得不對也懶得跟他理論太多，也不再把內心深處的秘密輕易地跟別人訴說。他們也說不清楚這到底是成熟還是意志消沉，或是對生活越來越缺少激情。對著鏡子看，發現裡面那張臉陌生得可怕。

漸漸的，他們似乎大徹大悟了，什麼都看透了，一切都虛無縹緲了，然後他們什麼都很漠然，坐公車見老人也不讓座，看到小偷偷東西也懶得理，吃點小虧想想也就算了。生活只剩每天下班之前發愁晚餐該吃什麼，在大家一起喝茶的時候盤算著自己要不要買單，臨睡之前把這個月的開支算了又算，怎樣才能熬到發薪日。

漸漸的，他們感覺自己其實什麼都沒有，沒有錢沒有名沒有地位，身高太矮，皮膚太黑，長得也太難看，越來越沒自信。雖說是一個平等的社會，可是人好像還是分著等級，什麼都要看人家的臉色，走在哪裡都似乎低人一等。

漸漸的，他們不想看書，不談理想，不談前途，也不想花太多精力胡思亂想。他們不想聽音樂，也不想看電影了，不過倒時常看些成人的帶子，交流黃色笑話。他們開始沉迷於酒精裡，沉迷於方城中，沉迷於低級場所內。家的概念越來越模糊了，親情的感覺越來越遙遠，除了在夢中偶爾回到家鄉之外，他們頂多借助一條冰冷的電話線和家人說一些偏離生活的話，卻看不到老爹老媽又長出了多少根白頭髮，又多了幾道皺紋。

看到有人在球場上酣戰，他們似乎也想上去來兩腳，其實很久沒有運動的身體已經無法支撐他們再跑多遠了，而且幾乎荒廢的球技讓他們懷疑自己那些踢球的年歲是不是上輩子的事。望著滿街穿著前衛的少男少女，他們開始表現出厭惡的神情，卻忘了自己前些年其實有過之而無不及。遇到在大庭廣衆之下舉止親熱的學生情侶，他們的目光不屑，並惡狠狠地罵他們傷風敗俗。經過彩券行的時候，他們忍不住也掏出一點本該買書的錢來買幾注，然後天天做夢中了五百萬之後，拿多少萬幹自己想幹的事，多少萬買房子，多少萬買車，多少萬胡亂揮霍，可是每一次開獎卻始終損龜，於是在短暫的失望之後，他們依然鍥而不捨地做著美夢。

漸漸的，他們的人生觀、價值觀、愛情觀也有所改變。他們已經不認爲爲了往上爬而不擇手段有什麼不妥，爲了獲利而幹不道德的事又有什麼大不了，甚至懷疑一個人太忠厚不能適應這個變幻莫測的世界。他們對努力就有回報的說法嗤之以鼻，他們嘲笑所謂的貞節觀，所謂的責任感，甚至去找尋一夜情。他們開始關注街上跑的車是寶馬還是奧迪，關注哪個酒廊的吧台小姐酒量如何，哪款手機用起來更出風頭，哪個牌子的西服穿起來更有派頭。但也就只是關注而已，因爲他們清楚無論是寶馬還是奧迪，他們都買不起，吧台小姐酒量再不行，他們也不能把人家怎麼樣，至於手機和西服，還是用自己買了很久的老款式。

不知從什麼時候開始，他們爲自己的遭遇感到憤憤不平，越來越看不慣老闆猙獰的面目，越來越無法忍受同事的卑鄙齷齪，越來越不堪就這樣生活下去。於是他們在感歎運氣不好的同時，迫切地想改變自己的命運，他們左顧右盼，尋找機會，卻始終看不到出路。

終於有一天，他們像火山爆發一樣，衝動之下把老闆炒了。收拾東西昂然地走出辦公室的那一刻，他們有英雄離去的豪邁與無悔，只從同事愕然與嘲諷夾雜的眼神中隱隱看到一絲無奈，卻不知道等待自己的，將是什麼，難道是無盡的痛苦與折磨？他們很快發現了雖然自己擁有並不低的學歷和一定的工作經驗，並像跑場子一樣從這家公司跑到那家公司，一次接一次地應徵，可是根本就無法找到適合的工作。時間一天一天過去，工作依然遙遠，錢包越來越癟，交房租的日子也越來越近了，他們心如火焚，有著世界末日即將來臨的惶恐。他們也開始有點後悔自己太輕率就辭職，也開始萌生鋌而走險的念頭，但又不敢眞的去搶銀行、綁架什麼的，心情低沉到了極點，他們脾氣也大了，唉歎聲也響了。

所幸這樣的日子終於結束了。他們又找到新的工作。雖然或多或少有點激動，但更多的是謹愼與慘澹。他們不會再對老闆抱什麼幻想，不會認爲他會給他們多好的待遇，也不會和同事談什麼知心話，因爲他們已經知道，不可能與有利益衝突的人成爲朋友，當然他們也不再愚蠢地把這個工作當事業一樣拼命，只把這裡當成自己的一個跳板，一旦有機會就立馬走人。接下來的生活無趣又無味，但他們漸漸的也就無所謂了。他們不想泡吧，不想什麼活著的意義了，老同學在一起也開始有點話不投機，以前很少聯繫的朋友，現在更不想去聯繫了，就算有時候接到他們打來的電話，也只是隨便的應付幾句。雖然酒還是經常喝，但很多時候都一個人獨飲獨醉。這時候，寂寞更是深入骨髓，他們的苦痛更加眞切而細膩。他們空前地懷念在學校的那些歲月，他們會捧著畢業合照發半天呆，卻不想再到母校去閒逛了，如果是偶然經過，看到曾經熟悉無比的景物，心裡還眞的翻湧起一股酸楚，但是他們不會流眼淚。畢業時曾經很賤的男兒淚，如今又變得珍貴起來。

他們還是會上網，不過很多時候都是尋求一種在現實找不到的感覺。他們很可能迷上傳奇之類的遊戲，卻很少再光顧同學的網頁，更不想在上面留言了。他們無師自通的學會了自欺欺人，學會阿Q精神，雖然他們在夜深夢回時也會憎恨自己的虛偽與無爲，更討厭這種豬狗不如的生活方式，但是他們就像被囚禁的鳥，根本無能爲力。

有時候他們會自嘲似的給很多藉口來解釋自己的某種行爲，儘管他們也知道這樣做其實毫無意思，也毫無必要。他們開始不斷地聽到老同學們結婚、升職的消息。然後不經意地就想到某某在學校時的樣子，不由得感歎時間流逝之無情，然後他們就想在塵封已久的日記本上寫點什麼，不知不覺地眼角竟然也有點濕潤了。他們夜裡躺在床上睜大眼睛，卻無法在漆黑中排遣鬱悶時，就會格外的想有個人陪在身邊。很多往事會像潮水一樣向他們撲來。他們曾經暗戀過但不敢表白的人、曾經追求過但失敗了的人、曾經相愛過但有緣無份的人，都一一地閃過腦海，於是，心裡會有種傷感，很純粹的傷感。因爲他們知道，愛情其實眞的已經與他們離得很遠。

他們試著透過各種途徑來結交朋友，但是每每交往了幾次，他們就不想再來往。說不清楚是因爲他們太過於現實還是太封閉。他們於是感慨萬千，在這個很多人都戴面具生活的社會，原來交一個眞正的朋友竟然那麼難。他們也試著去約會，可是愛情並非喝水吃飯那麼簡單，到最後都還是以失敗告終。

高不成低不就的他們繼續高舉單身的旗幟遊走於大街小巷。他們非常懷念學生時代那種單純的戀情，非常羨慕那些還能坐在教室中的年輕人，非常希望自己可以再讀一次大學，但是他們也知道覆水難收，遠逝的時光如何如何重來？

慢慢地他們的酒量越來越大，一打啤酒喝下去，一隻手指在眼前豎著也無法看成兩隻。他們的腰越來越粗，背越來越寬，肚皮越來越鼓，日漸增多的脂肪讓他們走起路來都覺得蹣跚。他們爬上樓梯的動作越來越笨拙，也越來越吃力，才到三樓就已經氣喘吁吁。他們嚮往能到外面去走一走，看一看，卻又害怕淪落天涯，苦不堪言。他們越來越體會到人在江湖身不由己的無奈。他們越來越感到心力交瘁，壓抑茫然……可是以後的路還很長，無論如何，他們得活下去。不管是痛苦還是快樂，他們都要面對。畢竟想逃避也逃避不了。

所以他們仍舊希望，明天是一個陽光燦爛的大好日子，而且他們骨子裡仍然相信自己會走出陰霾，出人頭地。再回首，燈火闌珊處沒有伊人，只有自己的夢想在風中輕輕搖曳。

你有類似以上的經歷嗎？不論如何，未來的路還在自己腳下，人生的彩圖要靠自己去描繪。生活就是一個大醬缸，酸甜苦辣都在其中，每一種滋味都是一種經歷。人生就該體驗不同的經歷，這樣才會精彩，才會豐富。就算碰上陰雨天又如何？總有個豔陽天在不遠的將來等著自己！

第六章 男人和女人的「婚姻關」

如果某種事是你不能面對的，你會逃避；如果你不能逃避了，那麼只好面對。婚姻就是這樣，它像一種遊戲，有時眞的很有意思。可任何一種遊戲都有玩乏的時候，乏味之後要面對什麼？要逃避的又是什麼？

第一節　「換」眞的很危險

一位離家在外的朋友講了他的傷心事，他說他暫時還不願意見到家人朋友，雖然身在陌生的環境，但至少這個陌生的地方讓他有安全感，雖然這種安全感帶有很大的不穩定性，或者說就是逃避吧。因爲據我所知，他本來有一個很幸福的三口之家，妻子稱職，兒子可愛。

在這段故事中，主人公叫小輝，第一任妻子媛，第二任妻子何緯。他講述的過程中，總要低頭想一會兒，然後再字斟句酌地說幾句話，彷彿在一點一點剝落傷痕，直到還原自己。這時我有一種衝動，特別想知道他心裡最原始的、不經修飾的想法，例如，他離開第一任妻子時的心情。那麼多年的夫妻眞的說不愛就不愛嗎？當初面對別人對緯的風言風語，他眞的就一點兒都不在乎？而這些問題，往往都是男人刻意去迴避的。

現在想來，表面的訴說與內心感受相比，又是多麼的不足，而要把欲望碎片重新拼湊起來，談何容易？要不人家怎麼說，在傷痛中成長，而成長依然傷痛。

「誰比誰精明？生活本身是最精明的。」小輝坐在我對面，身上穿著還沒來得及換下的工作服，手裡端著一杯冰咖啡，思索了很長時間才喝一口。他說這句話，彷彿參透了生活的本質，他總覺得在感情問題上，誰吃了更大的虧是沒法計算出來的。但總是有人給他計算他的是非得失，例如他第一次離婚時，有朋友就掰著手指頭跟他數說，何緯不是一個安分的女人，玩玩可以，可是要做妻子，遠遠趕不上媛媛（他的第一任妻子）。他不喜歡「玩」這個詞兒，顯得對人不尊重，但他第二次離婚後，還是有朋友譏諷他：被人玩了吧！

如果眞要計算的話，他確實得不償失。第一次離婚，因爲內疚，他把房子和家裡的所有存款都留給媛媛和他們的兒子，兩手空空地搬到了何緯那兒。第二次離婚，是何緯自己拿走了家裡所有的存款，而房子也不屬於他，因爲當初買房子的時候，何緯要求寫她的名字，當時他沒反對，因爲他是一心一意想跟她過下去。可是現在他一無所有了。

他的骨子裡有種傻氣，三十多歲的人了，還夢想著去追求什麼浪漫愛情。他的那些朋友當初就告訴他：愛情和婚姻是兩回事，都要計算成本，不能把自己賠進去。所以他們在外面找知己也好，情人也罷，都把各自的家庭維護得挺好，不像他，把自己的生活搞得一團糟。

人在自己失意的時候特別容易去想以前快樂的生活。而他現在眞的跌到了谷底，雖然還是做保險工作，卻不如以前好了。人生地不熟，朋友也少，所以做起來很艱難，住得又不好，一間地下室，吃飯也是有一頓沒一頓的，用一句話總結就是：越過越回去了。

是呀，回想起以前的時光，他眞的有幾分自豪，他是個比較機靈的人，所以每個月拿到的保單最多，獎金也最高。他和媛媛結婚後不久還買了房子，朋友們都羨慕他，說他將來肯定是第一個買車的人。可現在呢？別說車了，連養活自己都將就著。

和媛媛在一起眞的挺好，讓他深切感覺到了家的溫暖。她和其他稱職的妻子一樣，一邊工作一邊還要照顧兒子，精心地經營著婚姻，如果非要挑剔什麼，就是她跟小輝的母親不太合，例如她特別愛乾淨，而小輝的母親認爲可以就行了；媛媛喜歡靜，而他母親喜歡熱鬧。尤其是有了孩子以後，母親搬來照顧他們，媛媛就更看不慣母親的一些做法。母親給孩子餵奶粉的時候，習慣先吮吮奶嘴試探熱度，媛媛跟母親糾正了好幾回，說這樣不衛生，但母親就是改不了這個習慣。母親寂寞的時候，把幾個老姐妹找來家裡聊天，媛媛也不高興。後來孩子稍大一些可以餵些飯菜，他母親也像過去的老人一樣，把食物在嘴裡嚼爛了再餵孩子，媛媛知道後都快瘋了，乾脆給他下了通牒，不允許母親動孩子的東西，說他母親髒。就因爲這樣，他還跟媛媛大吵過幾次，說他不也是母親這麼養大的嗎？

但小輝母親是位寬宏大量的人，雖然那時婆媳之間關係不太好，但小輝鬧離婚的時候，母親反對得最厲害，她說誰沒點兒毛病，媛媛做得已經很不錯了。有些事情就是很怪，小輝和媛媛離婚後，她們之間的關係反而好起來，或許因爲她們都是女人，逢年過節媛媛還買好多東西去看望小輝的父母。何緯還因此很不滿。母親不喜歡何緯，從來都不喜歡，雖然礙著小輝的面子不好說什麼，但基本上沒給何緯什麼好臉色，所以小輝和何緯結婚兩年以後，何緯再也沒回婆家。

小輝坐在我面前說媛媛的這些事兒，他的心裡特別難受，或者說是內疚吧！人家一心一意跟他過了那麼多年，說離就跟她離了，至今他一直在心裡給她留著一個位置。男人在遭遇另一個激情的時候，往往容易忽略親情，事後想起來，才覺得自己傻。

他跟媛媛離婚那一年，發生了很多事。

小輝原來一直把何緯叫嫂子，她曾經是他一個哥兒們的妻子。何緯是個漂亮而溫柔的女人，至少表面看起來是這樣。那陣子，有關何緯的風言風語很多，無非就是說她怎麼不安分，說她以前在酒店上班，後來又成爲一個老闆的私人秘書。朋友們有時在背後開玩笑說：那個傻小子，還不知道給誰養老婆呢！

這話說起來就難聽了，但小輝認識何緯的時候，感覺還不錯，她說話有著女人特有的溫婉，對人也挺眞誠的。那時候他沒想過要跟她怎麼樣，直到朋友出了車禍，閉上最後一眼之前把她託付給他照顧，他跟何緯基本沒有什麼來往，偶爾會去看看她，大家一起吃吃飯，聊兩句。

小輝當時想，朋友之所以把何緯託付給自己，可能覺得自己還算正派。正派！呵呵，現在說起來是不是覺得有點兒玷污了這個詞兒？但當初他確實沒想到會發生後來的事情，他只是覺得既然是朋友託付的，就應該好好照顧何緯。

誰知也眞巧，朋友去世二個月後，何緯去醫院檢查，才知已經懷孕三個月了。那時候小輝還眞是挺忙的，一方面要工作，要照顧家庭，另一方面還要去看看她，看她有沒有什麼需要幫忙的。但小輝沒有告訴媛媛，怕她不高興。

何緯沒有親人，也沒什麼朋友，所以到後來她對小輝越來越依賴，只要小輝兩天沒去，她就打電話，要他陪她散步，或者買什麼日用品。男人都有個弱點，就是當女人需要他保護的時候，他會有一種被依賴和需要的英雄感，所以何緯這麼讓他跑來跑去，他反而覺得開心。

那天，小輝正跟家人吃晚飯，何緯忽然打電話說她肚子疼得厲害，要他送她去醫院。媛媛肯定感覺出什麼了，一個勁兒問小輝究竟有什麼事。他騙她說有個保險的客戶出了事，他得去看看。他去了何緯那兒，她正痛苦地蜷縮在床上，滿頭滿臉都是汗。小輝慌了，趕緊抱著她去醫院，結果她是習慣性流產。那天何緯撲在小輝懷裡哭得特別厲害，過一陣兒她平靜下來，但一直攥著輝的手，不肯鬆開。現在回想起來，她那時候也許是演戲，因爲她跟小輝結婚後也習慣/地流產了兩回，卻沒見她有這麼難過。

事情就這麼開始了。何緯出院以後，小輝經常不由自主地去她那兒，每次何緯都像個妻子一樣給他做他喜歡吃的飯菜，時不時還給他買個禮物，例如領帶、Zippo打火機什麼的。小輝喜歡上了何緯，他從來沒見過哪個女人像她這麼善解風情。

一開始小輝克制過自己，畢竟他是個成家立業的人，而媛媛又是個不錯的妻子，他還不想傷害他的家庭。但何緯要他做個選擇，他想先拖著吧，因爲他實在不知道該怎麼向媛媛提出離婚，何況還有個孩子。但何緯等不及，她開始不分時間、不分場合地給他打電話，有時半夜手機就猛然響起來，把他和媛媛都嚇一跳，有一次媛媛把電話搶過來接，何緯不說話，掛了電話，之後她又打過來，直到小輝接為止。後來每到晚上，小輝就不敢開手機，那時他還慶倖，沒把家裡的電話告訴她。又有一次，他們部門正在開業務會議，她打電話到小輝辦公室，他的同事拿起電話，跟她解釋說小輝正在開會，她不聽，非要小輝接電話。同事詫異地問小輝：這是什麼女人呀？這麼凶？

不久，何緯懷孕了，她更是步步緊逼，要他離婚。她還說如果他不提，她就直接找媛媛談。

跟其他有外遇的男人離婚一樣，小輝跟媛媛說了他的事情，媛媛也哭也鬧，父母也跟著要死要活的，但婚該離還是離了，該結也還是結了。他把房子和家裡所有的存款都留給了媛媛，一個人兩手空空地搬到何緯那兒。當時何緯說了一句話，他記得很清楚，她說：「你眞是撿了一個便宜，一分錢都沒帶來，讓我養你啊？」這句話讓他很不舒服，但那時小輝還憧憬著一個充滿激情的愛情婚姻，女人的一點兒小心眼又算得了什麼？況且他相信自己還能賺錢，那陣子他已經升爲部門經理了。

人就是這樣，有時候不得不僞裝自己，而寂寞的心，怯弱的心，誰來安慰。

小輝和何緯結婚不久就買了一棟新房，何緯要求寫她的名字，小輝覺得無所謂，她的不也是自己的嗎？

愛上一個女人也許是容易的，但是組建一個家庭不容易，要重來這一切，又是多麼困難。和另一個女人重新建立一個家，重新買房子，重新辦貸款，重新一鍋一勺、一桌一椅添購家俱；重新認識彼此的家人，懷孕、生子，爲孩子取個吉祥的名字，爲孩子安排學校……眞不能想像這整個流程要重新來過一次。難道眞的有區別嗎？小輝和何緯的五年婚姻，跟其他夫妻一樣，開始也有激情，後來慢慢淡了，該怎麼過日子就怎麼過日子，有時他會想，這跟他以前的婚姻有什麼區別呢？他又何苦那麼折騰呢？何緯爲自己懷孕過兩次，但最後都流產了，你說這是不是老天的一種懲罰？

還記得那天，已經過了晚上十二點也不見她回來，小輝還以爲出什麼事了。誰知她拿走了家裡所有的存款，跑了。這是小輝始料不及的，他眞的想不出是什麼原因讓她做出這種舉動？是因爲他對她不好，還是因爲她不愛他了？或者，她又有了別的男人？但是現在再去探求這些還有意義嗎？小輝不知道，只是突然地，他變得一無所有。其間，何緯給他來過三次電話，第一通電話向他提出離婚，說律師會幫她辦理；第二通電話要他從家裡搬走，她託人把房子賣了；第三通電話，催他趕緊同意離婚。就這樣，一句溫暖的話都沒有，只有冰冷的聲音。

這對小輝的打擊很大，倒不是因爲他還留戀何緯，不是，只是感覺怎麼能這樣呢？就是判死刑也該有個說法吧！怎麼能什麼都沒留下就結束了呢？好像一切都沒有發生過一樣。知道的人都嘲笑他，說他讓一個女人給騙了，但他想，六年的婚姻能是一個單純的「騙」字解釋得了的嗎？不過他眞的沒臉待在家鄉面對周圍的人，所以一個人離鄉背井。

前兩天媛媛給他打了一通電話，要他多保重自己。再次聽到她那關懷的聲音，小輝哭了，眼淚鼻涕都攪一塊兒。直到現在小輝才明白誰是對他最好的人。但媛媛現在有個不錯的男朋友，小輝也眞誠的祝媛媛幸福。如果一切可以再重來，他將會好好去珍惜。

聽了他的過去，讓我想起劉若英的那首歌：「後來我總算學會了如何去愛，可是你已經遠去，消失在人海中，後來，終於在眼淚中明白，有些人一旦錯過就不再來。」

既然牽了手，就不要隨便分開，應該慎重考慮。也許愛情淡了，但或許愛情已經轉化成了親情。婚姻容易讓人變得懶惰，你有沒有想過，在你身邊會不會早已經有人默默對你付出很久，只是你沒發覺而已呢？愛的感覺，總是在一開始很甜蜜，總覺得多一個人陪，多一個人幫你分擔，你終於不再孤單了，至少有一個人想著你、戀著你，不論做什麼事情，只要能一起，就是好的。但是慢慢的，隨著彼此的認識愈深，你越來越瞭解對方，發現了對方的缺點，於是問題一個接著一個發生，你開始煩、累，甚至想要逃避。有人說愛情就像在撿石頭，總想撿到一個適合自己的，但是你又如何知道什麼時候能夠撿到呢？與其到處去撿未知的石頭，還不如好好珍惜自己已經擁有的石頭，學著珍惜！

第二節　合還是分

愛情本來就要經受多重考驗，如是到最後，愛情沒有結局，那也就是說，你們的愛情基礎不夠堅固。

有這樣一個故事，描述了愛情的酸甜苦辣。故事是這樣的。小貞是我唯一眞愛過的女孩。我們已經相戀七年，但最後還是分手。其實，我早也累了、疲了，可當我聽到分手的消息，我好像是在烈日下被人從頭上潑了冷水一樣，猛烈一擊。愛小貞已經成了我生活的一部分，我本以爲我們會攜手走進婚姻殿堂的。

有時，當我打開以前的照片，回想起曾經有過的歡樂時，小貞的面容浮現在我的眼前，我開心地笑了，其中一些照片的拍攝情形我到現在都記得。有一次我把小貞高高舉起，自動相機忠實地記下了這快樂的瞬間。

其實當初小貞選擇我的時候，讓所有的人瞠目結舌，連我也懷疑這是否是眞的？我身高不足一米七，站在穿平底鞋都有一米七的她旁邊，像她的小弟弟。而且我的家境貧寒，小貞的家境卻很優越。她放棄了許多追求她的男生，獨獨把繡球拋向我，選擇了一無所有的我。

記得以前小貞常常在足球場邊爲我加油。她說她喜歡我身上的那股拼勁，就是受傷了，碰到頭破血流也不認輸，也要堅持到底。

認識她以前，我倒不覺得自己有什麼優點。雖然我成績好，但沒多少異性朋友。我是個不善言談的人，不太喜歡和別人交流思想，又不懂妥協，總是特立獨行。但我吸引了小貞的目光，得到了她的愛。她經常幫我洗衣服，每星期都特地帶許多美味佳餚來給我改善生活。有時我會想：我有什麼本事，值得這麼好的一個女孩來愛我？我一定要好好珍惜她。

可是時間長了，我有時也會覺得這份愛很沈重。小貞在無形中給了我一種壓力，她讓我覺得自己一定要幹出點成績才能對得起她。

另外，讓我苦惱的是，她父母不看好我倆的感情，而且我父親也不願意我倆在一起，父親見小貞家境比我家好，怕將來我和她在一起會受氣。

同學中也有些不好的議論，有些喜歡小貞的人，把我說得非常不堪。有人說我用了卑鄙的手段追到小貞，還說我是看上了小貞的錢，說遲早我們要分開的。更多的同學說小貞遲早會把我甩了。

不過那些煩惱隨著畢業成了過去式。我和小貞幸運地進了同一家企業。同學們羨慕的目光讓我非常得意。我暗想：小貞沒有看走眼，而且我們的好日子還在後頭。

工作以後我才明白，原來生活太會捉弄人，雖然我很努力，可業績總比同事們差一截。好強的我難以接受這個現實，又毫無辦法。我不得不安慰自己，這是生命裡的冬天，誰都會碰上，只希望自己的冬天能快點過去。

就在那時，我和小貞開始同居了，不過小貞要求和我各付各的，我笑著答應了。而結果是，她穿著昂貴的絲質睡衣，我卻爲日常開支發愁。我自然不會向她開口，儘管我的日子過得艱難。而當初小貞剛工作時也有點短暫的不適應，可她很快就調整過來，賺的錢是我的兩倍。

自從得到老闆的信任之後，她對我的態度發生了變化。她對錢變得計較起來，總是把賬算得一清二楚，好像我會沾到她的光似的。身爲漂亮的女職員，她經常被老闆帶出去應酬，她開闊了眼界，對我也越來越不滿，埋怨自然越來越多，有時我會認爲我們兩個也許眞的不太合適。

儘管生活在同一屋簷下，可是我們已經好長時間沒有親熱過了。只要我有表示，她就會不耐煩地翻過身去。有好幾次，我試著和她溝通，但她都藉口太累，翻身睡去。

一轉眼三年過去了，小貞高升了。升職後，小貞應酬到越來越晚，而且她對台北這座不夜城喜愛得發狂，在這樣一個燈紅酒綠的城市，女人的虛榮心真的會變得很強。她對我越來越看不上眼，只要我和她講話，她就會毫不猶豫地打斷我。也許在她眼裡，我就是個失敗者，沒有資格和她平等對話。

就在這時候，公司裡有個叫郭林的副經理開始追求小貞，經常請她吃飯。到公司的第一天，我就覺得他對小貞關心得有些異乎尋常。不管小貞有什麼提案，不管是對是錯，他都會大力支持。我懷疑小貞的迅速升職與此有關。

是呀，女人天身對那些有能力，有外表，特別是有錢的男人感興趣，也就是因為這樣，所以好多人都沒有得到真愛，他們只是為了一些特質或條件而生活在一起。

郭林剛過三十歲，和妻子因性格不合離了婚，屬於「鑽石王老五」。聽公司裡的資深職員說，小貞和他的初戀情人長得有點像，他因此對小貞深有好感。

我要求小貞和他保持距離，可是小貞不理我，不過她並沒有搬出去。我想，除了經濟上的考慮，主要是她對我還殘留著幾分愛意吧！但那段時間我太頹廢了，被太多失敗打擊得垂頭喪氣，喪失了以往那種勇往直前的氣魄。我開始在公司裡混時間，每天報到之後，就在公司裡玩電腦。我覺得在外邊跑也沒用，索性不賣力了。

之後小貞對我越來越冷淡，和郭林的關係卻越來越親密。

日後，考慮到留在台北沒什麼發展前途，我決定回南部。我勸小貞一起走，可她不願意，她已經喜歡上了現在的職位以及優厚的待遇。她還有個沒說出口的理由，就是她喜歡郭林。她一直只欣賞那種有能力的男人，本來是我，現在是郭林。

我一個人回到南部。回來後，她一直沒給我打電話。不過這些都在我的意料之中。她的身邊有了那麼優秀的成功男人，還要我幹什麼呢？

起初，我找不到工作，每天無聊又煩惱，那是每個曾經失業的人都深刻感受過的。

有一天，我的手機突然響了，是小貞打來的。我有種不祥的預感，儘管有所準備，她的話還是把我扔到了冰窖裡。小貞說她已經和郭林訂婚了，可是我不想再聽下去，匆忙掛掉電話。

我頹廢了好長時間，拒絕見任何人，我不想被人嘲笑，也沒再打聽任何關於小貞的消息，極力想將她遺忘。

老天有點像在跟我開玩笑。失戀之後，我想了想，日子要重新來過，大丈夫何患無妻。口袋裡的錢快花光了，再傷心下去，我會餓死。我重新找了一份工作。騎驢找馬，跳了好幾次槽。隨著經驗增多，我工作越來越順手，得到了提拔。隨著事業順利進展，我的情感傷痛漸漸平復。想起那段失敗的戀情，我只覺得是噩夢一場。

隨後我試著和女孩子開始約會，可是怎麼都找不到當初的感覺和激情。

命運就是那麼的殘酷，它會在你將要把痛苦忘掉的時候，卻將痛苦的源頭送到你身邊。

一天下午，我正在辦公室裡和客戶通電話，門突然打開了。我不滿地望過去，心想誰這麼不講禮貌。沒想到抬頭看見的居然是小貞。當時我只感到胸口有些悶。三言兩語地和客戶講完電話，我開始打量她。顯然她過得並不如意，眼角出現了細細的魚尾紋，一臉頹唐樣，著裝也不如以前。

我的心一下子軟了，我發覺自己無法將她遺忘，我還愛她。下班後，我把她請到一家咖啡廳。我們聊到敏感的話題，我以爲她會拂袖而去。可她卻不在乎，還把所有的經歷傾倒而出。

我們分手後不久，公司經營不善，老闆低價把公司轉讓出去。新老闆開始裁員，幹部也大換血。小貞被裁掉了，而郭林成了普通員工。

貧賤夫妻百事哀，錢的問題成了他們爭論的焦點。郭林的口頭禪就是小貞在家待業，錢要省點花，再後來更是說她白吃白喝。因爲陡然從主管變成了一名小員工，郭林很不適應，氣就出在小貞身上。他們三天一小吵，五天一大吵，後來郭林索性搬了出去。因爲孩子的關係，郭林和前妻一直藕斷絲連，現在他們再婚了。聽到這個消息，小貞說自己都傻了。我知道她的感受，因爲她也曾經給我帶來同樣的傷害。

初戀總是最難忘，可是又有幾個人會和自己的初戀情人白頭偕老呢？初戀的情人都相識得比較早，所以會經受很多事情，也許有些人經不起考驗，選擇了放棄，可是後來呢？放棄以後也再難尋回這種感覺了。

由於生活開銷很大，又一直沒能找到新工作，她只好回來。不過她一直關注著我的消息，所以才會來找我。離開咖啡廳的時候，小貞問我能不能原諒她。我愣住了，猶豫了很久，沒有直接回答她，只是說：讓我考慮一段時間。

她曾經背叛過我，不過她確實是我的最愛。從再見到她的那一刻起，我的心又開始劇烈跳動。自從她回來之後，找了我很多次。我託朋友幫她找了份工作，可我還是不敢答應和她復合，因爲我怕自己會再受傷。可是每次望著小貞期待的眼神，我就幾乎無法控制自己。

我是否能解開自己的心結？我是要選擇合，還是應該分呢？

第三節　眞的要放棄了嗎?

元宵節是一個讓文明永遠無法忘懷的日子，他一個人在火車站，看著手挽手走在一起的情侶，心裡不停自問：「我到底在做什麼?爲什麼我會這樣接二連三的傷害她……」

時間回到那年元宵節。

「麗，我想我們還是分手吧!」

「嗯?你說什麼?」麗沉醉在煙火中，沒有在意文明說的話。

「聽我說，」文明扶著她的雙肩，使她能夠正視自己的眼睛。

「我們——分手吧!」文明努力的又重複了一遍剛才的話。

「什麼?你說什麼?你是開玩笑吧!」她的聲音開始顫抖，眼睛帶著迷惑，一動不動的盯著他。

文明無力的搖了搖頭，而後又點了點，「我希望妳明白，我不能全心愛妳，我很累，知道嗎?」

「為、為什麼？剛才還好好的……」他清楚看見她的眼淚。

「我……」他也不知道怎麼回答。

只聽「砰」的一聲，煙花如同滿天星一般照亮了整個夜空，升起後又落下，短暫而美麗。

「給我個理由好嗎？」她猛抬起頭，含淚的雙眸壓迫著他，而他不敢注視她。

「嗯……這個……我覺得我不想再騙妳了，我覺得我不愛妳，我怕越到後來，我就越難受，我也不希望妳受到傷害……」他顯然也很激動。

「那你就能這樣對我？你這樣就不傷害我？你難受？難受當初為什麼要接受我？」

「這個……」被一連串問題問得他不知道該說什麼，說眞的，他也不想說，眞的不想說，無論說了什麼，只是對她更大的傷害，所以他還是選擇了沈默……

她掙脫開他，頭也不回的流著淚離開了，走時只留下一句：不管以後我遇到什麼樣的男朋友，都不可能像這次一樣付出我的全部，你們都是一樣的……我恨你！恨你！

這段故事的前半段發生在三年前，文明在一所名聲還不錯的職校讀書，身為班幹部，整天忙於班級工作的他，很少去想感情的事情，卻又偏偏讓他陷入其中。

她是班裡的班花（至少他和他的幾個朋友是這麼想的）。她叫麗，真的很漂亮又有氣質。上課時，文明的心思總是會被她給帶過去，他不想看，又偏偏控制不住，那時他才突然領悟到異性相吸的強大能量。「這畢竟是科學真理，我也沒法改變。」他經常想。

她好像也被文明吸引，雖然到現在他都不知道爲什麼她會接受自己（他長得不帥，身材也算不上標準），或許是他們經常在一塊聊天，討論問題，有時還打打鬧鬧，或許就叫做日久生情吧！愛情就是這樣，它悄悄的走進了生活，當你知道後，已無法自拔。

在往後的日子，他們很快樂，文明的表現特別好，學習成績總是名列前茅，她也在朗誦會上獲得一等獎。同學們都說他們是被愛給催化的，而他也欣然接受。他很懷念那些日子，說實在的，他自己覺得愛在某些時候的確是種催化劑，能讓人煥發鬥志，正如有些人爲了愛而改變了一生。

可是，人生不如意之事十有八九，她在學校非常活躍，自然追求者也不少。有長得很帥的，有才華橫溢的，有很有錢的，還有在外面混的……這無形中給了他很大的壓力。雖然他知道，她最愛的還是自己，可是他仍然難以解開心中的結，因爲太完美的女孩總是給人壓力，相比之下，自己就顯得非常平庸，或許他眞的和她不配……

三年的時間很快過去，他們都要畢業了。一天，她對文明說：「你說我們要不要去同一個地方工作？」

「不要吧，在一起上班不太好。」他考慮後說，突然，他愣住了，他們每天在學校都坐一起，要是出社會以後不能時時刻刻在一起……他不敢保證今後會發生什麼，畢竟自己還是太小，不能承受以後更大的痛苦，對他們的將來也沒有信心。「我該怎麼辦？」他幾乎要崩潰了，突然好想馬上離開她。一個人多麼自由，不用承受那麼多的壓力，不需要爲這些事犯愁，可是偏偏不能忘記她的笑，她挽著他的胳膊聽他說笑話的情景。這一晚，睡不著，腦子亂糟糟的，直到凌晨四點，他終於在下了決定後昏昏睡去……

這是他第一次做出這麼重大的決定，也是他最後悔的一個決定。

就這樣，他們分手了，他的理由是自己太小。雖然他知道這是個連他自己都不相信的理由，可他還是用了，她哭了。

那年的情人節，獨身的一個情人節，他收到她的賀卡，說她很懷念和他在一起的快樂日子，希望能夠再有這樣的機會。他在矛盾和痛苦中給她回了信，告訴她，不要再給他寫信……

既然做出決定，放棄了，錯過了，最後就只能祝福了。在落日的餘暉中，就讓往事像夢一樣消失。她確實是一個好女孩，可是就像那句話說的，鞋子合不合腳，只有自己穿上了最清楚。讓他們各自去尋找新的開始吧……

第四節　好馬也吃回頭草

她和丈夫在大學裡一見鍾情，畢業後，丈夫在一家諮詢公司工作，她則當了一名文員，兩年後，他們結婚了。剛結婚那陣子，兩人生活充滿了浪漫溫馨。後來隨著丈夫升職，他和她的感情越來越疏遠了。原本以爲是他工作太忙，可誰知事情開始於一個無法預知、當然也無力阻止的變化——她的先生愛上了別人。

以後的故事，我們就來聽一聽主人公是怎麼講的吧！

事情發生之後，我用過各種方法來挽回，公公婆婆都出面了，可是男人要變心，八匹馬也拉不回來。哭鬧是沒有用的，但他也不肯好好談，總是逃避。我實在忍無可忍，提出離婚的時候，他卻拋下一句：「我沒有說要離開你們。」

燈下，我和他無言對坐著。這是翻天覆地大吵過後的可怕靜默。

我們討論到孩子監護權的問題，兩人各有堅持，一時沒有結論。

說好今天要攤牌，所以吃過晚飯後，就把孩子送到附近的婆婆家，沒多說什麼，只交待晚點會接回去。我們之間情份淡了，卻還是一心一意地眷愛孩子，不願讓他們看見即將爆發的一場爭戰。但孩子、婆婆哪會猜不出個大概？他有外遇，也不是一天、兩天的事了，但周圍的人都配合著我們表面的冷靜，假裝沒事，其實大家的心裡都很慌。

我認爲，是他執意要離開這個家，沒有資格爭取孩子；他卻認爲，我的工作並不那麼穩，收入也沒有他高，個性又容易激動，孩子跟著我，不會有太好的發展……一人一個嘛，啊，這又太殘忍了，大人分離了，無論如何也該讓孩子一塊兒長大吧；那麼，究竟孩子該歸誰呢？

我的眼淚一顆顆一串串地滑落；我的心裡當然不捨，但他也沒有說要離開那名女子呀。既然愛情淡了，在一起又有什麼意思呢，最後我們還是離了。

可是他並沒有同那名女子結婚，因爲女子的父母都反對，那女子的態度也是猶猶豫豫的，說是不想讓父母傷心。到最後他眞是兩頭不討好，日子過得還不如從前。

那天我回來看孩子，小學二年級的女兒嚷著：「媽媽，別忘了經常聯絡，還有，明天要交營養午餐的錢。」女兒的聲音多麼稚嫩甜美，可是這些話聽起來卻又多麼感傷呀！這個家，多久沒有彼此聯絡了呢！

他嚅嚅應著，一抬頭，猛然看見電視機上，有一張小小的照片，那是慶祝女兒上小學，一家人去公園時的照片，不過是一年多以前還親親愛愛的一家人，要花多少時間和精神，才能夠得到這樣的照片，才能夠有一個聲音有點霸氣又有點嬌氣的女兒提醒你：

「不准再吸煙了，你要這樣，要那樣……」

源起於一樁愛情的家，如今卻已經到了遠遠超過愛情能夠到達的地方；讓這個家繼續運作下去的理由，已不只是愛情；那麼，是不是可以因爲愛情淡了，就起身告別，切斷這一切？美好的愛情可以複製，可以失而復得，但這四個人所圈起來的小小天地，卻永遠不可替代——人生已經走到中年，有什麼過不去的難關，非要把過往的一切連根拔起？其實，他也是捨不得的；更何況，結婚、離婚、再結婚，人生眞的需要一次次歸零的重複嗎？其中的風景，眞有那麼大的不同嗎？

門鈴聲響了。婆婆手上抱著眼裡還掛著淚水的中班兒子，另一手牽著女兒，說：

「孩子一直吵著要你們，也是他們該睡覺的時間了……」

他一手接過兒子，一手拉過女兒，對著女兒說：「我們來看妳的家庭聯絡簿，好不好！」然後定了定眼神，往我的方向看過來；這時，我正好站起來，邊走邊說：「媽，謝謝妳！」他說：「那就早點睡吧，不然明天上班、上學都要遲到了。」

一個月後，我和丈夫再婚了，婚禮比第一次更浪漫溫馨。當離婚的雙方擁有比較深厚的感情基礎，而離婚也僅僅是因爲一方一時糊塗傷害了另一方，或者兩人在對待婚姻的態度上還欠成熟的話，再婚的成功率和持久性會比較高。人們總是比較容易原諒對方在盲目與衝動時所做的錯誤決定。珍惜從失去開始，每個婚姻裡都有不爲外人所知的快樂和憂傷，有軟肋和硬傷，但是也還有無數美好的記憶啊。同甘共苦，生死相隨，不該只是童話。

給每一個婚姻裡的人說一句：愛你身邊的人吧！人生的快樂往往不是取決於你的收入、地位、大房子和車子。和你一路風風雨雨、生死與共的難道不是自己的另一半嗎？她才能決定你人生的快樂程度，好好的待她，當她還在你身邊的時候。

俗話說：「好馬不吃回頭草。」但是又說：「情人還是舊的好。」因此不少人在感情上主張「好馬也吃回頭草」。在經歷了風雨之後，才驚覺最好的原來一直在自己身邊，於是便有了「還是你最好」的感悟。

第五節　背叛的沒有還擊

在婚姻中，不能把所有的責任和過錯都歸到背叛者身上，如果婚姻中已經不再有愛情，換個角度看離婚，也許你會另有新的發現，而不再悲觀和失望。

一個在醫院做護士的朋友蘇靜說，有一次她下午休班，突然想去丈夫的報社看看工作時的他是什麼樣子。

她的丈夫是這家報社的副社長，當時他正在開會。蘇靜就待在丈夫的辦公室裡等他，不經意間隨手打開丈夫辦公室抽屜，發現了丈夫和一個年輕漂亮女孩的幾張合影。兩人看上去有著說不出的親密和協調。蘇靜然淚流滿面。

她說：「我當時的心情真的很複雜。我並沒有憤怒或者妒忌。在照片中，我看見我的丈夫跟另一個女人在山水間流連忘返，他的眼中閃爍著在我們幾年婚姻生活中所不曾出現過的愛情火焰。那麼多年了，我從未見過他如此快樂、沉醉而富有魅力。我相信丈夫的眼光和我的感受，那女孩是優秀、出色的那一種，也是值得他迷戀的，她不比我差。他們不是逢場作戲，他們非常相愛，看上去也很匹配。」

她的丈夫是個出色的男人，有著非常好的人品和相貌，是個好丈夫、好父親，非常具有家庭責任感和自律精神。她知道他很努力地在實踐著這些。但她也時常感覺出他的抑鬱、隱忍、沈默和不快樂，雖然他竭力掩飾。

他們夫妻幾年來一直都相敬如賓。

他待她很好，也很關心、體貼她，從不冷落她。他有時會帶她出去吃飯、喝咖啡、看電影、買衣服，他很周到地做著這些。他有時出差，或在她的生日和節日也不會忘記送禮物。除了必須參加的應酬，他幾乎每晚都堅持回家吃飯……他所做的一切都是在努力讓她感到婚姻的安全、快樂和幸福。他是那麼細心、善良，總是為別人著想，顧及別人的感受而忽略自己的感受，他是個難得的眞正的好男人。

其實從結婚到現在，她始終知道他並不愛她。身為女人，她能夠非常清楚地感受到這一點。而且最近的一年多，她的這種感覺更加明白。他們像親人、朋友一般地生活。在情感上，他們不會再涉及更多、更深。事實上，他們的隔膜是很深的，也是無法溝通的。他待她好是出於他善良的本性、他深刻的道義感和責任感。

蘇靜平靜下來以後，找她的丈夫認眞談清楚。丈夫坦白告訴她，他和那女孩之間的感情，並證實了他並不愛她，也不討厭她，但始終想好好待她的想法。蘇靜考慮了兩天，心平氣和地對丈夫表示：我們應該離婚，快快樂樂地離婚，把你的幸福還給你，我不想再這樣拖下去。

她的丈夫答應離婚，家中所有財產和孩子聽由她分配和安排。他還說，離婚以後如果碰到什麼難處需要幫忙，儘管去找他，他會盡力幫助她。

就這樣，兩人很快辦完離婚手續。丈夫將房子和大部分財產都留給她。爲了丈夫今後的幸福著想，她主動爭取孩子的撫養權，並答應丈夫每週都可以看望孩子一次。

其實，蘇靜看到照片那一刻，她更感到對他的感激和欽佩。她感激丈夫在遇到了此生最深刻、最美好愛情的時候，還能夠留在這個家裡，並一如既往地對她好。這對於他、對於他深愛的人來說是一個多麼大的犧牲。

她說：「他強烈的想和自己所愛的人在一起，卻沒有拋棄我們。這需要多大的胸懷和力量！他已經將他整整幾年最好的年華給了我——一個他並不愛的女人，這樣一個男人，我怎能再忍心眼睜睜看他捨棄心底最大的幸福，而拖著他不放手呢！我這樣太自私了。」

和所有明爭暗鬥的離婚故事迥然不同，也許只有這個離婚故事會讓人感動得落下眼淚。

其實諒解自有一股力量，它能使你的內心眞正純潔、高尙並快樂起來。你一旦從心底原諒了對方，就可以放開那些曾令你失望沮喪的關係、經歷和選擇，你才有能力學會從這樣的角度往回看，離婚雖然有遺憾，但也有美好。

第六節　我的愛情沒有陽光

華敏在飛馳的火車上，對一切都感到絕望了，她只想從窗口就這樣跳下去。每次想到母親和女兒，又沒了死的勇氣。二十四歲的她已經讓生活、感情折磨得生不如死。

華敏專科畢業後，待在家裡沒事可做，就一個人來到台北打工。剛到台北的那天，涉世不深的她，把一切都想像得十分美好。在長途客運車站，她遇到一個看手相的中年男子，也就是後來成爲華敏的老公、並把她害得很慘的人。她想讓他看看手相，瞭解一下運氣，看能不能很快找到工作。他看出華敏是外地來的單純女孩，就誇她是有福之人，並說了一大堆討好她的話。

他的嘴像抹了油似地能說會道，那時她才十九歲，什麼都不懂，覺得這個人怎麼對自己這麼好，就把自己的一切情況都告訴他。當時，她舉目無親，沒有住處，他非常熱情地將她帶到了他一處平房的家裡，她對此感激不盡，像遇到救星一樣。當天晚上，爲了報答他，就幫他做飯，整理亂糟糟的房間。接著，讓華敏無法接受的事發生了，他突然把燈關掉，一把將她緊緊地抱住，嘴中說著「我從第一眼就愛上了妳」，一邊把華敏摔到床上，她無力反抗，在他的強迫下和他發生了關係。過後，她害怕極了，畢竟是第一次，她不停地哭，第二天天剛亮，她就逃離了那兒，找到一個同學，和她暫住在一起。這件事她沒有向任何人提起過，只有把它深深地埋在心裡。

對於每一個少女來說，「第一次」總是讓人難忘的。在同學那裡待了幾天，天天腦子裡總出現他的影子，覺得還是應該去找他，讓他負責，如果他還是單身漢，就嫁雞隨雞跟他過日子算了。

於是華敏又神使鬼差的來到他的住處。她推開門，他不在家，可她看見屋裡掛著一些女人衣服，那一刻，她猶如晴天霹靂，被炸得昏頭轉向，她踉踉蹌蹌地逃離了他的家門，一路大哭，不敢相信這一切。華敏想了很久，還是給他打了電話，他正和他的一個朋友在吃飯，要她快過去。她裝著若無其事地去見了他，從他朋友處，華敏瞭解到他結過婚，現已離婚了，有一個女兒在他農村老家，屋裡面女人的衣服是他現在的情人，昨天她和他吵了一架，已經走了。華敏聽完之後，一種被欺騙的感覺籠罩心頭，一個少女對愛情最後的無奈選擇也化爲泡影，她不得不懷著那顆受傷的心再次回到同學那裡，謊稱工作還沒有找，找到後她就搬走。後來她就回了老家。

後來華敏把事情經過如實地告訴媽媽，她不幸的遭遇把媽媽嚇壞了，再也不讓她出門，怕她去見那個男的。在那些日子裡，華敏也慢慢想通了一些事，接受了這一事實，覺得自己命該如此吧。沒想到過年的時候，他來找她，媽媽死都不讓他進門。他說他想回老家修房子，她那時天眞地以為他是想和她回老家結婚，不顧媽媽的強烈反對，就悄悄跟他回了他的老家。後來，華敏懷了他的孩子，生米已經煮成熟飯，媽媽不得不同意華敏和他結婚。她在沒有親人的祝福下悄無聲息地嫁給了他，把希望拴在這個男人身上。

婚後，華敏才發覺他是一個不關心人，不知體貼的人，脾氣又很暴躁，只要有一點不順他的意，就會遭到他的打罵，他們之間也無溫存可言，加上婚前對彼此的性格、愛好也不是太瞭解。他迫於生計，在家的日子很少，常常在外打工掙錢。華敏給他生的是女孩，他那在農村的父母有嚴重的重男輕女思想，看她沒有為他們家族傳下後人，對她更是不理不睬。她本來生活在城鎮，也沒做過鄉下農活。以為有了孩子會給她不幸的婚姻帶來一些生機，但是做了母親後，並沒有為人母的幸福感覺，她只是每天都生活在痛苦之中不能自拔。

就是這期間，她老公的堂弟，住她家隔壁，在不知不覺中走進了她的生活。長得高大帥氣的他發現了華敏經常在家哭泣，就藉故看侄女，經常過來看她。她們年齡差不多，很談得來，她把一切的痛苦都向他傾訴，他是一個很善良的人，就勸慰華敏要過得開心些，並給她送來書和雜誌，偶爾帶她到田野上散心。對於一個生活在沒有關愛的黑暗中人來說，一點點的同情特別容易使她感動，堂弟又重新點燃了她心中那熄滅已久的欲望火焰。老公好久都沒有回來過了，她在堂弟身上又重找到了做女人的快樂，他們就這樣走到一起。

天下沒有不透風的牆，要想人不知除非己莫為，儘管他們每次約會都非常隱密，可老公回來後，還是覺察到一些什麼，由於沒有抓到確鑿的證據，他也沒說什麼。錯在她有寫日記的習慣，堂弟出外去打工後，華敏就把對他的愛慕、思念，他們曾在一起的快樂感受記在日記裡，一天不小心被他發現了。當時，他大發脾氣，非要和她離婚，她沒有經濟來源，也無臉回娘家，更重要的是為了堂弟，否則她早就想逃離那個如地獄的家。華敏想等堂弟回來和她結婚，就沒有答應離婚。她當時心想，再苦也要等他回來。

她每天都苦苦期盼堂弟早點歸來，把她從苦海中解救出來，可盼來的卻是絕望。

記得那天，天氣很好，堂弟要回來了，燦爛的陽光照耀著華敏的心田，暖烘烘的。她早早地起了床，特意把自己打扮了一番，穿上他最喜歡的一件衣服，就到車站去接他。她帶著幸福的微笑正準備向他撲去時，卻發現他的身旁多了一個女孩，她愣在那裡，那女孩也愣著，堂弟忙笑著將她拉到一旁，對她說是他的一個同事，她也不好意思說什麼，還暗自裡怪自己太多疑，忙以主人的身份熱誠地招待她，幫她提行李。

第二天清晨，堂弟帶著那個女孩過來發喜糖，蒙在鼓裡的華敏才終於醒悟了過來，他們是回來結婚的！這時，她對愛情已徹底絕望，她的心也徹底碎了，她沒有去逼問堂弟為什麼要這樣，可能一切的一切都是她的一廂情願，畢竟，他沒有對她承諾過什麼。她又有何理由責問他。她毫不猶豫地和老公去辦了離婚手續，毅然離開那個令她傷心欲絕永遠不願想起的地方。

沒有辦法，華敏只好厚著臉皮又回到娘家，弟媳整天在家指桑罵槐說她丟盡了臉，鄰居的流言蜚語和指指點點也讓她實在受不了，只好又去了台北。華敏不怨天不怨人，只想找份工作養活自己，只想有人告訴她，怎樣從過去的陰影中走出來，讓她重新開始，忘掉那一切的一切。

國家圖書館出版品預行編目資料

壞日子更要過好生活／張岱之作.
第一版——臺北市：老樹創意出版；
紅螞蟻圖書發行，2009.10
面 ； 公分. ——（New Century；18）
ISBN 978-986-85424-7-1（平裝）
1.生活指導
177.2 98017219

New Century 18

壞日子更要過好生活

作　　者／張岱之
文字編輯／胡文文
美術編輯／上承文化有限公司
發 行 人／賴秀珍
榮譽總監／張錦基
出　　版／老樹創意出版中心
企劃編輯／老樹創意出版中心
發　　行／紅螞蟻圖書有限公司
地　　址／台北市內湖區舊宗路二段121巷28號4F
網　　站／www.e-redant.com
郵撥帳號／1604621-1 紅螞蟻圖書有限公司
電　　話／(02)2795-3656（代表號）
傳　　眞／(02)2795-4100
數位閱聽／www.onlinebook.com
港澳總經銷／和平圖書有限公司
地　　址／香港柴灣嘉業街12號 樂門大廈17F
電　　話／(852)2804-6687
新馬總經銷／諾文文化事業私人有限公司
新 加 坡／TEL:(65)6462-6141 FAX:(65)6469-4043
馬來西亞／TEL:(603)9179-6333 FAX:(603)9179-6060
法律顧問／許晏賓律師
印 刷 廠／鴻運彩色印刷有限公司
出版日期／2009年10月 第一版第一刷

定價200元 港幣67元

ISBN 978-986-85424-7-1 Printed in Taiwan

老樹創意

老樹創意